MUSICALIZANDO COM A FLAUTA DOCE
Um método dinâmico e divertido

Editora Appris Ltda.
1ª Edição - Copyright© 2020 dos autores
Direitos de Edição Reservados à Editora Appris Ltda.

Catalogação na Fonte
Elaborado por: Josefina A. S. Guedes
Bibliotecária CRB 9/870

V658m
2020
	Vieira, Márlon Souza
	    Musicalizando com a flauta doce : um método dinâmico e divertido / Márlon Souza Vieira. - 1. ed. - Curitiba : Appris, 2020.
	    95 p. ; 21 cm. – (Artera).
	
	    Inclui bibliografia.
	    ISBN 978-65-5820-489-3
	
	    1. Flauta doce – Ensino e estudo. 2. Música – Estudo e ensino. I. Título. II. Série.
	
	<div align="right">CDD – 788.35</div>

Livro de acordo com a normalização técnica da ABNT

Editora e Livraria Appris Ltda.
Av. Manoel Ribas, 2265 – Mercês
Curitiba/PR – CEP: 80810-002
Tel. (41) 3156 - 4731
www.editoraappris.com.br

Printed in Brazil
Impresso no Brasil

Márlon Souza Vieira

MUSICALIZANDO COM A FLAUTA DOCE
Um método dinâmico e divertido

FICHA TÉCNICA

EDITORIAL
Augusto V. de A. Coelho
Marli Caetano
Sara C. de Andrade Coelho

COMITÊ EDITORIAL
Andréa Barbosa Gouveia (UFPR)
Jacques de Lima Ferreira (UP)
Marilda Aparecida Behrens (PUCPR)
Ana El Achkar (UNIVERSO/RJ)
Conrado Moreira Mendes (PUC-MG)
Eliete Correia dos Santos (UEPB)
Fabiano Santos (UERJ/IESP)
Francinete Fernandes de Sousa (UEPB)
Francisco Carlos Duarte (PUCPR)
Francisco de Assis (Fiam-Faam, SP, Brasil)
Juliana Reichert Assunção Tonelli (UEL)
Maria Aparecida Barbosa (USP)
Maria Helena Zamora (PUC-Rio)
Maria Margarida de Andrade (Umack)
Roque Ismael da Costa Güllich (UFFS)
Toni Reis (UFPR)
Valdomiro de Oliveira (UFPR)
Valério Brusamolin (IFPR)

ASSESSORIA EDITORIAL
Lucas Casarini

REVISÃO
Andrea Bassoto Gatto

PRODUÇÃO EDITORIAL
Gabrielli Masi

DIAGRAMAÇÃO
Daniela Baumguertner

CAPA
Amy Maitland

COMUNICAÇÃO
Carlos Eduardo Pereira
Débora Nazário
Kananda Ferreira
Karla Pipolo Olegário

LIVRARIAS E EVENTOS
Estevão Misael

GERÊNCIA DE FINANÇAS
Selma Maria Fernandes do Valle

COORDENADORA COMERCIAL
Silvana Vicente

A todos interessados no fazer musical.

AGRADECIMENTOS

Primeiramente, ao meu Senhor, em quem tenho crido – "Tua é a magnificência, e o *poder*, e a honra, e a vitória, e a majestade".

À minha inestimável esposa, Jovana de Almeida Vieira, por toda compreensão, amor e apoio, que me fizeram chegar até aqui.

Aos meus irmãos e meu tio, pela ajuda irrestrita, carinho e suporte.

Aos meus queridos pais, que com muitos esforços sempre moldaram meus caminhos musicais e educacionais, ao acreditar e incentivar.

Ao Pr. Rinaldo Silva Dias e à diretoria da Cadevre, pela confiança, zelo e por ajudar a concretizar a publicação deste livro.

Aos amigos do Departamento de Música da Cadevre, pelos momentos que refletiram em desejos para que este livro se consolidasse.

Aos meus amigos, que estiveram ao meu lado nesta caminhada, em especial aos músicos da Orquestra da Cadevre.

Aos professores e alunos, que sempre me ensinaram por meio de reflexões e questionamentos.

Não abandone a sabedoria e ela o protegerá;
ame-a, e ela cuidará de você.
(Rei Salomão)

PREFÁCIO

Musicalizando com a flauta doce – Um método dinâmico e divertido é um projeto maravilhoso e ousado do renomado professor Márlon Souza Vieira. Um método dinâmico e divertido de ensinar música que gostaria de ter conhecido há 60 anos. Dou graças a Deus pelas primeiras orientações musicais que recebi de meu pai, Pastor Antônio Elizeu dos Passos, mas foi muito longe da praticidade e didática que o professor Márlon desenvolveu. Esse projeto visa fazer da música um entretenimento para os tempos atuais. Lida com o "som" em primeiro lugar. A "teoria musical" vai aparecendo aos poucos e o aprendizado musical acaba acontecendo. Os "hinos congregacionais" vão sendo praticados, facilitando ainda mais a musicalização infantil. É o "sonho" de muitos professores ter em mãos uma obra assim, que vai preparar o aluno para o exercício de suas atividades musicais. Está de parabéns o professor Márlon Souza Vieira, idealizador deste oportuno projeto. Está de parabéns a "Catedral das Assembleias de Deus em Volta Redonda". Está de parabéns, você, por ter em mãos este abençoado projeto. Aproveite!

Pr. Misael Passos
Maestro, arranjador e compositor.

APRESENTAÇÃO

Esta obra surge a partir das experiências em Educação Musical vivenciadas no Projeto de Musicalização desenvolvido na Catedral das Assembleias de Deus em Volta Redonda (Cadevre). As provocações reflexivas expostas por todos aqueles que cotidianamente experienciam o fazer musical na Cadevre – pais, responsáveis, alunos, professores, dentre outros – foram disparadores fundamentais para que este livro se concretizasse. Desde 2016, a vivência musical por meio da flauta doce surge como um dos principais elementos para a aprendizagem musical. Para se ter uma ideia, no biênio 2018 - 2019, mais de 200 crianças foram contempladas com esse projeto. Alinha-se ao processo os conhecimentos adquiridos no ensino superior, dado que este autor também leciona módulo de flauta doce para futuros professores licenciados em Música. Da mesma forma, o interesse pela Pesquisa Científica, que reflete em publicações de artigos científicos sobre a temática, o que também tem colaborado para a experiência musical da Cadevre.

Mas você deve estar se perguntando: o que tem de tão especial neste livro?

Bem, algumas hipóteses se apresentam como possíveis respostas:

1. No âmbito do ensino de música e no contexto das igrejas evangélicas, o ensino normalmente é realizado no modelo tradicional, ou seja, além de iniciar com os símbolos musicais, logo é direcionado ao contexto teórico. A abordagem deste livro, inicialmente, reflete sobre esse caminho.

2. O uso da notação silábica antes da notação musical convencionada estimula a percepção e concentra as atenções ao funcionamento do instrumento, neste caso, a flauta.

3. O acompanhamento por instrumento harmônico, conferido na execução de cadências, enquanto os alunos executam a mesma nota, possibilita o entendimento da noção de música e, ao mesmo tempo, os alunos não percebem que estão repetindo o mesmo som, ou seja, a atividade não se torna cansativa.

4. A escolha de um repertório conhecido pelos alunos e por seus responsáveis representa a possibilidade de "louvar" com o instrumento. Simultaneamente, intui a trajetória dos intervalos musicais, dado que, cotidianamente, essas melodias são ouvidas pelos alunos durante os cultos.

5. A possibilidade do ensino coletivo impulsiona a aprendizagem, pois um coleguinha vai ajudando o outro e, assim, promove uma saudável "disputa" – após passada a lição, os alunos querem mostrar entre eles quem "toca melhor" a lição de casa.

6. Após os três primeiros meses, já é possível uma apresentação coletiva – ação que incentiva a continuidade dos estudos.

7. Ao final do livro, o aluno terá experimentado os principais conceitos musicais: ouvir, perceber, tocar, cantar, criar, sentir, expressar, ou seja, experimentar música.

8. Por fim, trata-se de um método mediador: uma "ponte" de passagem para um instrumento musical típico das bandas e orquestras e, igualmente, para um aprendizado musical mais intenso.

Já que não é objetivo desta metodologia avançar para os modelos de flautas contraltos, tenor e baixo – mesmo sabendo da importância da flauta barroca, principalmente, no ambiente acadêmico –, para a realização das atividades aqui propostas orientamos a utilização da flauta germânica, dado que a proposta do livro é musicalizar. Em cada capítulo se trará uma posição relativa a uma determinada nota. Gradativamente, elas vão se misturando para que se ampliem as possibilidades de criação melódica. Quando for o caso, apresentaremos as posições auxiliares.

Quanto ao público-alvo, destinamos a vivência deste livro às crianças com idades entre 6 e 10 anos. Esse recorte etário ocorre, justamente, por ser esta abordagem um processo de musicalização introdutório para uma aprendizagem musical que envolva conceitos musicais mais profundos.

Assim, desejamos que esta obra possa favorecer a todos os que por ela estudarem. Esperamos que o "doce" som da flauta possa envolver as vidas dos alunos, transformando-os em pessoas melhores e agradecidas ao grande Deus que nos deu o dom da vida.

SUMÁRIO

1

O MANUSEIO DA FLAUTA DOCE E OUTRAS ORIENTAÇÕES

A flauta é um instrumento de fácil aquisição. Possui características inerentes do mundo infantil. Ao soprar uma flauta, qualquer criança consegue produzir som. Seus orifícios possuem um encaixe perfeito à mão de uma criança, o que motiva um rápido progresso inicial. O seu tamanho e peso é ideal – o que deixa o transporte e a manutenção muito práticos. A fácil apreensão e a possibilidade do ensino coletivo são algumas das razões que levam, cada vez mais, instituições de ensino a utilizar a flauta doce no processo educacional, tornando-se uma verdadeira aliada dos educadores.

Dessa forma, a primeira preocupação que devemos ter refere-se ao manuseio da flauta doce. Ademais, a maneira de segurar, o jeito de tocar, o modo de transportar e outros procedimentos ficarão prejudicados. Para tanto, o professor precisa combinar com os alunos duas posições – relativas à postura – para iniciar todo o trabalho:

Posição 1 – "de descanso".

Posição 2 – "preparar para tocar".

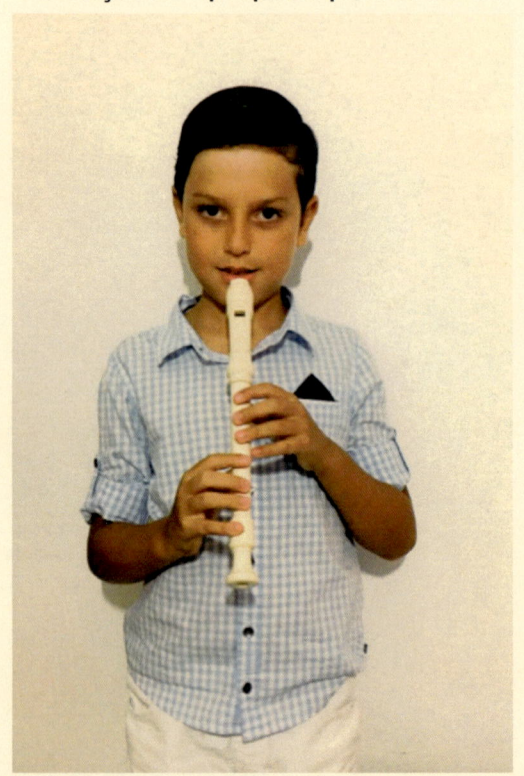

Na posição 1, isto é, "de descanso", quando o aluno estiver sentado, ele deve segurar a flauta doce com as duas mãos, mantendo a flauta deitada, isto é, na horizontal, sobre os joelhos. Agora, se estiver em pé deve, igualmente, manter a flauta doce horizontalmente, segurada pelas duas mãos, porém, agora com os braços estendidos à frente do corpo.

Já na posição 2, "preparar para tocar", o aluno deve, segurando a flauta com as duas mãos, aproximá-la bem perto da boca. Com esse movimento simula-se a projeção de um som, no entanto, ele não acontece. O professor deve treinar inúmeras vezes a troca de posições no decorrer das aulas.

Criamos, ainda, para o desenvolvimento das aulas, três regras fundamentais que devem ser lembradas e recitadas pelos alunos ao início de cada aula:

- **Regra N.º 1 – "Tocar no Comando".**

- **Regra N.º 2 – "Sentar Corretamente".**

- **Regra N.º 3 – "Não deixar a flauta doce cair".**

Todas as regras possuem a função de colaborar para a fluência das aulas. Com a **"regra n.º 1"** temos a redução dos sons que são projetados sem necessidade – muitos alunos, ao pegar a flauta doce, ficam soprando aleatoriamente e sem nenhuma orientação. Na **"regra n.º 2"** evitamos o aviso constante de que é preciso se sentar direito – alguns alunos costumam sentar relaxadamente e as meninas gostam de sentar com as pernas cruzadas. Já a **"regra n.º 3"** evita um descuido constante nas aulas coletivas: a queda da flauta doce ao chão, o que quase sempre ocorre por falta de atenção. Ao cair, normalmente, trinca a parte que vai em contato direto com o chão ou, quando cai de bico, amassa a parte que tem relação direta com a embocadura do instrumento musical.

Aí você, novamente, pergunta: e se os alunos descumprirem as regras? O que fazer?

Bem, como estamos lidando com crianças, certamente, isso vai acontecer. Para essas ocasiões desenvolvemos uma dinâmica com cartões amarelo e vermelho; sim, isso mesmo, como em um jogo de futebol.

Se o aluno insistir em não respeitar as regras, em um primeiro momento, ele pode receber um cartão amarelo; caso insista em desrespeitar as regras, ele poderá receber um cartão vermelho.

CARTÃO AMARELO

CARTÃO VERMELHO

O uso dos cartões de forma alguma pretende punir ou coagir. Trata-se de uma tentativa brincante de se manter certa ordem e organização durante as aulas. É preciso saber que cada criança reage de modo diferente em relação àquilo que ele traz com ela. Muitos são os elementos que interferem nesse contexto: família, moradia, escola, alimentação, religião, saúde e muitos outros. Dessa forma, cabe ao professor perceber com sensibilidade o melhor momento para usar os cartões.

Mas o que acontece depois que o aluno recebe o cartão? Quando recebe o cartão amarelo, ele deve ficar sem tocar a flauta doce durante cinco minutos. Sugerimos que o professor peça a flauta ao aluno, colocando-a sobre a mesa do professor. Ao passar os cinco minutos, o professor deve informar ao aluno que o desrespeito à regra, não deve se repetir. Caso isso aconteça, o aluno poderá levar o cartão vermelho, o que resulta na retirada da flauta doce do aluno até ao final da aula.

Reforço que o mais importante no momento de utilizar os cartões é a ponderação do professor frente ao caso, avaliando cuidadosamente cada caso e agindo sempre com sensibilidade, posto que o método deve agregar e não separar.

Após resolvidos os assuntos referentes aos "combinados", podemos passar à próxima etapa: como segurar corretamente a flauta doce.

A primeira coisa que pedimos aos alunos é que façam um "joia" bem legal com a mão esquerda. Peça que todos levantem essa mão e acenem.

Veja a imagem do "joia" ao lado.

Esse "joia" deve ser colocado no orifício da parte de trás da flauta doce; para as crianças damos a esse espaço o nome de "buraquinho solitário".

"Buraquinho solitário"

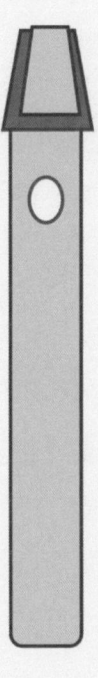

O professor deve manter a atenção quando os alunos começarem a colocar os "joias" no "buraquinho solitário", porque o dedo não pode estar nem na horizontal e nem na vertical, mas, sim, na diagonal. Veja os exemplos:

POSIÇÃO CORRETA

POSIÇÕES ERRADAS

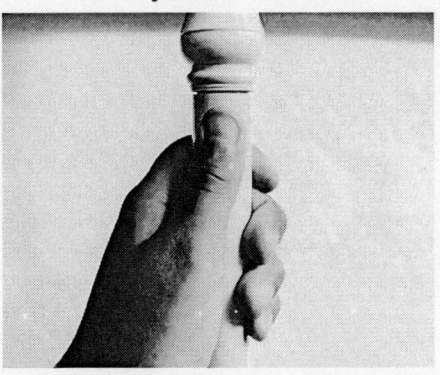

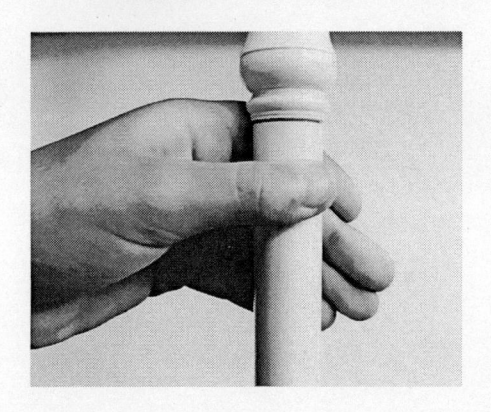

Com a outra mão – a direita –, o aluno também deve fazer um "joia", só que, agora, ele colocará o dedo, também em diagonal, só na parte inferior da flauta. Ver imagem a seguir:

POSIÇÃO CORRETA

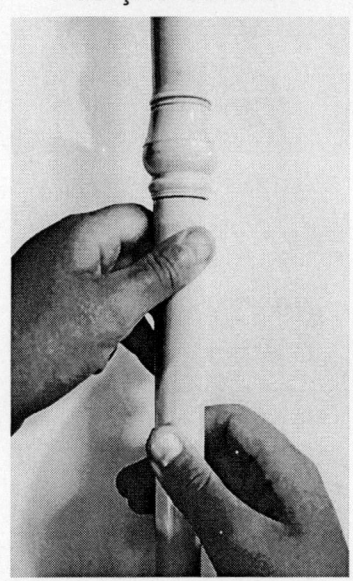

Antes que o aluno comece a tocar a flauta doce, o professor deve orientar quanto ao sopro. Costumamos dizer que se a flauta possui o "doce" no nome é porque devemos soprá-la "docemente", isto é, com naturalidade e sensibilidade. Não será a força injetada no sopro que fará o som ser projetado corretamente.

Outra preocupação se refere à posição da boca na flauta doce. Alguns alunos costumam introduzir, além do necessário, o instrumento na boca, e outros colocam pouco. O aluno precisa ajustar de modo equilibrado a embocadura para que o som ocorra corretamente. Vejam ao lado a imagem da embocadura correta:

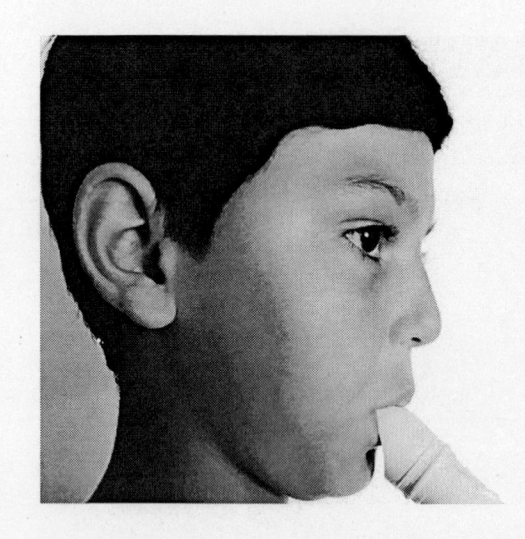

Vejam, a partir da imagem a seguir, que conectada com a embocadura está a direção da flauta. Estando a linha horizontal do corpo relacionada com a posição da flauta, a disposição correta deverá projetar um ângulo de aproximadamente 45 graus.

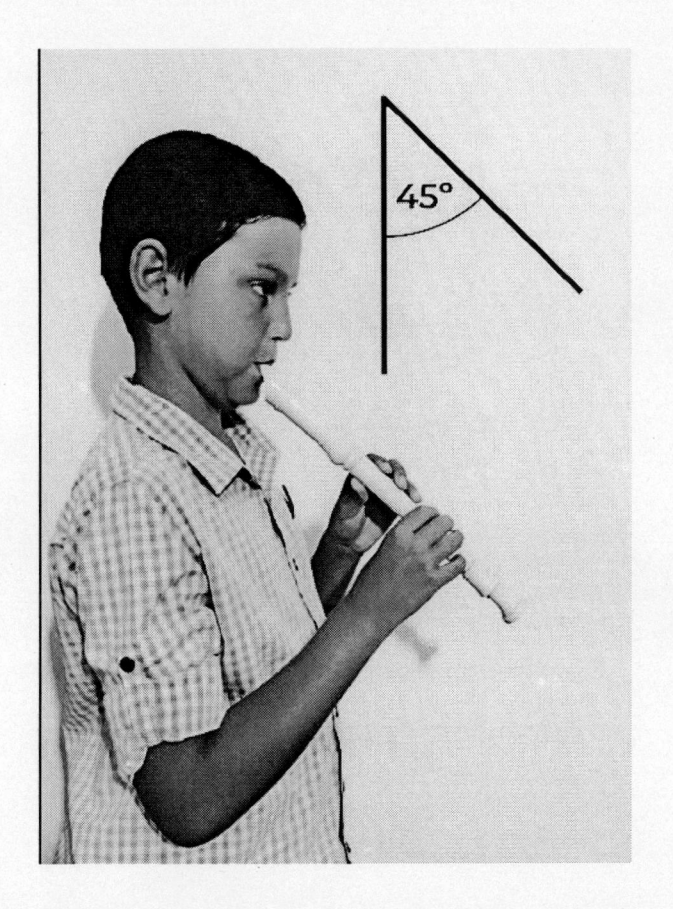

Estando essa etapa concluída, podemos passar aos primeiros exercícios e atividades da flauta doce. Ação que começaremos a ver a partir do capítulo 2. Desejamos a você sucesso nessa trajetória de estudos.

As notas musicais que estudaremos nesse método serão em um total de 14 notas. Propomos a seguinte sequência:

1. SOL – LÁ – SI – DÓ – RÉ

2. FÁ – MI – RÉ – DÓ

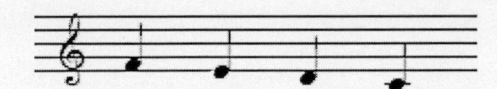

3. MI – FÁ – SOL

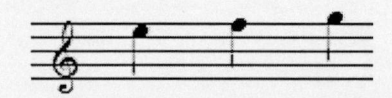

4. FÁ# - SIb

Na flauta doce, começaremos proposi-talmente pela nota SOL. Percebemos que ao conseguir realizar a nota SOL, o aluno realiza as notas musicais LÁ, SI, DÓ e RÉ mais facilmente, basta perceber a continuidade da retirada dos dedos.

Para diferenciar as notas de mesmo nome, mas com sonoridade diferente, ou seja, a mesma nota aguda da grave, usa-remos ao lado da sílaba que representa o nome da nota, seta direcional. Assim, quando a nota musical aguda, isto é, a

sua oitava superior, usaremos a seta para cima (↑).

Exemplos:

mesma coisa que: DÓ

mesma coisa que: DÓ ↑

Dos sons agudos, a nota SOL será a última dessa sequência. Sobre a proposta de exercícios e integração com músicas, as notas FA# e SIb serão as últimas aborda-das. Isso porque o objetivo desse método é ser uma ponte para a continuidade de um aprendizado musical que envolverá outros tipos de instrumentos, assim, o prossegui-mento será com novos estudos. Para fins de conhecimento, ao final do método apre-sentaremos uma tabela com as posições básicas das principais notas da escala geral.

Algumas músicas, principalmente os hinos da harpa, tiveram os tons adaptados para que pudessem ser executados na flauta doce. Da mesma forma, notas da melodia foram ajustadas para que o resultado após a leitura fosse viável e entendido pelo aluno.

Não focamos, neste momento, o aprendi-zado da teoria musical tradicional, portanto, o enfoque nesse conteúdo é mínimo. Mas para subjetivar esses conceitos, indicamos a seguinte notação alternativa:

1. DÓ = nome da nota SEM sublinhado – (tempo aproximado de Colcheia).

2. DÓ = nome da nota COM sublinhado – (tempo aproximado de Semínima).

3. ___ DÓ = nome da nota COM sublinhado antes – (tempo aproximado de Mínima ou Semínima pontuada).

Nosso método não tem um cronograma de acontecimentos detalhados. No projeto de Música da Cadevre as aulas aconte-ceram somente aos sábados, com aulas que duravam uma hora em média. Em outros locais que, do mesmo modo, desenvol-vemos esse trabalho, lecionávamos duas vezes por semana, com tempo médio de 50 minutos.

Em ambos os formatos, o curso minis-trado com esse método tem dado certo. Atualmente, temos músicos adolescentes que integram bandas de música e orques-tras, que iniciaram nesse formato. Dessa forma, só nos falta dizer: BONS ESTUDOS!!!

NOMES DOS DEDOS

DEDO MINDINHO

DEDO ANELAR

DEDO MÉDIO

DEDO INDICADOR

DEDO POLEGAR

2

A NOTA SOL

Para fazer a nota SOL é preciso tampar os três primeiros buraquinhos da parte frontal da flauta doce – começando de cima para baixo – e tampar também o buraquinho solitário – como visto anteriormente, é aquele que fica atrás.

NOTA SOL

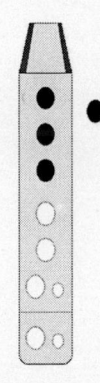

Exercício 1 – Repetindo o som em diferentes tempos (para o aluno):

SOL
Duração de 4 tempos inteiros

SOL
Duração de 2 tempos

SOL
Duração de 2 tempos

SOL
1 tempo

SOL
1 tempo

SOL
1 tempo

SOL
1 tempo

SOL ½ T   SOL ½ T   SOL ½ T   SOL ½ T   SOL ½ T   SOL ½ T   SOL ½ T   SOL ½ T

SOL
Duração de 4 tempos

Exercício 1 (para o entendimento do professor):

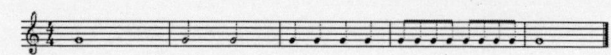

Exercício 1 (gráfico simplificado para o aluno):

SOL _____

SOL _____   _____

SOL _____ _____   _____ _____

SOL __ __ __ __ __ __ __ __

SOL _____

Exercício 2 – Repetindo o som com auxílio de instrumento harmônico – violão ou teclado (para o aluno):

1 – SOL SOL SOL SOL   SOL

2 – SOL SOL SOL SOL   SOL

3 – SOL SOL SOL SOL   SOL

4 – SOL SOL SOL SOL   SOL

5 – SOL SOL SOL SOL   SOL

6 – SOL SOL SOL SOL   SOL

7 – SOL SOL SOL SOL   SOL

Exercício 2 – Repetindo o som com auxílio de instrumento harmônico – violão ou teclado (para o professor):

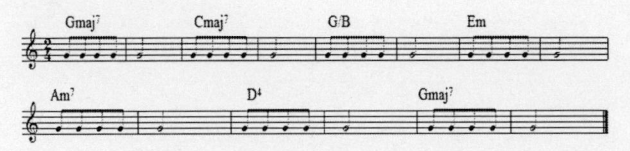

* Todos os exercícios necessitam de repetições.

A NOTA LÁ

Para fazer a nota LÁ é preciso tampar os dois primeiros buraquinhos da parte frontal da flauta doce – começando de cima para baixo – e tampar também o buraquinho solitário da parte de trás.

NOTA LÁ

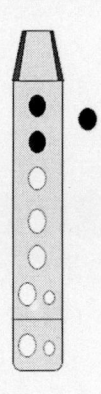

Exercício 1 – Repetindo o som em diferentes tempos (para o aluno):

LÁ
_____
Duração de 4 tempos inteiros

LÁ   LÁ
_____ | _____
Duração de 2 tempos   Duração de 2 tempos

LÁ   LÁ   LÁ   LÁ
_____ _____   _____ _____
1 tempo   1 tempo   1 tempo   1 tempo

LÁ   LÁ   LÁ   LÁ   LÁ   LÁ   LÁ   LÁ
½ T   ½ T   ½ T   ½ T   ½ T   ½ T   ½ T   ½ T

LÁ
_____
Duração de 4 tempos

Exercício 1 (para o entendimento do professor):

Exercício 1 (gráfico simplificado para o aluno):

LÁ _____

LÁ _____   _____

LÁ _____ _____   _____ _____

LÁ ____ ____ ____ ____ ____ ____ ____ ____

LÁ _____

Exercício 2 – Repetindo o som com auxílio de instrumento harmônico – violão ou teclado (para o aluno):

1 – LÁ   LÁ   LÁ   LÁ   LÁ

2 – LÁ   LÁ   LÁ   LÁ   LÁ

3 – LÁ   LÁ   LÁ   LÁ   LÁ

4 – LÁ   LÁ   LÁ   LÁ   LÁ

5 – LÁ   LÁ   LÁ   LÁ   LÁ

6 – LÁ   LÁ   LÁ   LÁ   LÁ

7 – LÁ   LÁ   LÁ   LÁ   LÁ

Exercício 2 – Repetindo o som com auxílio de instrumento harmônico – violão ou teclado (para o professor):

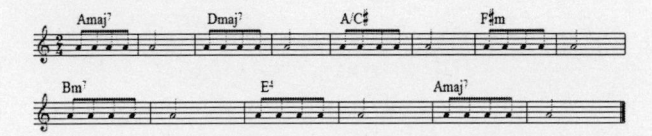

* Todos os exercícios necessitam de repetições.

EXERCÍCIOS COM AS NOTAS SOL E LÁ

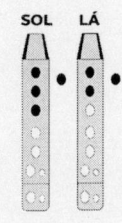

Exercício 1 – Alternando as notas musicais com auxílio de instrumento harmônico – violão ou teclado (para o aluno):

1 – LÁ   LÁ   LÁ   LÁ   ___SOL___

2 – LÁ   LÁ   LÁ   LÁ   ___SOL___

3 – LÁ   LÁ   LÁ   LÁ   ___SOL___

4 – LÁ   LÁ   LÁ   LÁ   ___SOL___

Leitura rítmica do exercício:

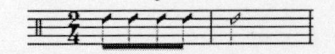

Linha harmônica para acompanhamento:

𝄞 𝟤/𝟦 A / G / D / G / F#m / Em / D / G

Exercício 2 – Alternando as notas musicais com auxílio de instrumento harmônico – violão ou teclado (para o aluno):

1 – SOL SOL SOL   SOL   _____ LÁ

2 – SOL SOL SOL   SOL   _____ LÁ

3 – SOL SOL SOL   SOL   _____ LÁ

4 – SOL SOL SOL   SOL   _____ LÁ

Leitura rítmica do exercício:

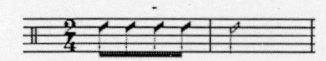

Linha harmônica para acompanhamento:

𝄞 𝟤/𝟦 G / Am / G/B / A/C# / C / D / G / D

A NOTA SI

Para fazer a nota SI é preciso tampar apenas um buraquinho da parte frontal da flauta doce – começando de cima para baixo – e tampar também o buraquinho solitário da parte de trás.

NOTA SI

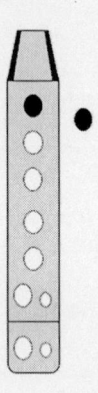

Exercício 1 – Repetindo o som em diferentes tempos (para o aluno):

SI
Duração de 4 tempos inteiros

SI
Duração de 2 tempos

SI
Duração de 2 tempos

SI	SI	SI	SI
1 tempo	1 tempo	1 tempo	1 tempo

SI	SI	SI	SI	SI	SI	SI	SI
½ T	½ T	½ T	½ T	½ T	½ T	½ T	½ T

SI
Duração de 4 tempos

Exercício 1 (para o entendimento do professor):

Exercício 1 (gráfico simplificado para o aluno):

SI _____

SI _____   _____

SI _____ _____   _____ _____

SI ____ ____   ____ ____   ____ ____   ____ ____

SI _____

Exercício 2 – Repetindo a som com auxílio de instrumento harmónico – violão ou teclado (para o professor):

1 – SI   SI   SI   SI   _____ SI

2 – SI   SI   SI   SI   _____ SI

3 – SI   SI   SI   SI   _____ SI

4 – SI   SI   SI   SI   _____ SI

5 – SI   SI   SI   SI   _____ SI

6 – SI   SI   SI   SI   _____ SI

7 – SI   SI   SI   SI   _____ SI

Exercício 2 – Repetindo o som com auxílio de instrumento harmônico – violão ou teclado (para o aluno):

* Todos os exercícios necessitam de repetições.

EXERCÍCIOS COM AS NOTAS SOL, LÁ e SI

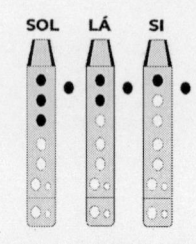

Exercício 1 – Alternando as notas musicais com auxílio de instrumento harmônico – violão ou teclado (para o aluno):

1 – LÁ LÁ LÁ LÁ _____ SOL

2 – LÁ LÁ LÁ LÁ _____ SI

3 – LÁ LÁ LÁ LÁ _____ SI

4 – LÁ LÁ LÁ LÁ _____ SOL

Leitura rítmica do exercício:

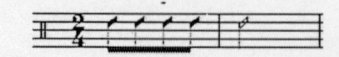

Linha harmônica para acompanhamento:

🎼 A / G / D / G / F#m / Em / D / G

Exercício 2 – Alternando as notas musicais com auxílio de instrumento harmônico – violão ou teclado (para o aluno):

1 – SI   SI   SI   SI   <u>LÁ</u>

2 – SOL   SOL   SOL   SOL   <u>LÁ</u>

3 – SI   SI   SOL   SOL   <u>LÁ</u>

4 – SOL   SOL   SI   SI   <u>SOL</u>

Leitura rítmica do exercício:

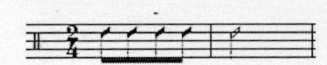

Linha harmônica para acompanhamento:

🎼 G / Am / G/B / A/C# / C / D / G / G

A NOTA DÓ↑

Para fazer a nota DÓ↑ (DÓ agudo) é preciso tampar apenas um buraquinho da parte frontal da flauta doce, só que, dessa vez, apenas o segundo, começando de cima para baixo; não se esquecer de tampar também o buraquinho solitário da parte de trás.

NOTA DÓ↑

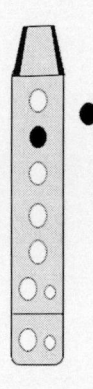

Exercício 1 – Repetindo o som em diferentes tempos (para o aluno):

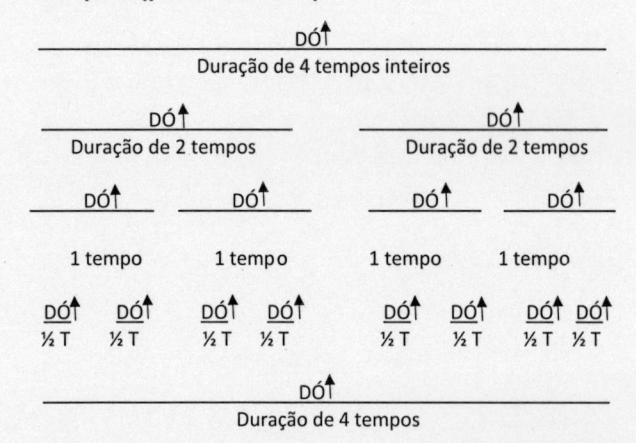

Exercício 1 (para o entendimento do professor):

Exercício 1 (gráfico simplificado para o aluno):

DÓ _____

DÓ _____   _____

DÓ _____ _____ _____ _____

DÓ ____ ___ ___ ___ ___ ___ ___

DÓ _____

Exercício 2 – Repetindo o som com auxílio de instrumento harmônico – violão ou teclado. (Para o aluno):

1 – DÓ↑ DÓ↑ DÓ↑ DÓ↑ ___ DÓ↑

2 – DÓ↑ DÓ↑ DÓ↑ DÓ↑ ___ DÓ↑

3 – DÓ↑ DÓ↑ DÓ↑ DÓ↑ ___ DÓ↑

4 – DÓ↑ DÓ↑ DÓ↑ DÓ↑ ___ DÓ↑

5 – DÓ↑ DÓ↑ DÓ↑ DÓ↑ ___ DÓ↑

6 – DÓ↑ DÓ↑ DÓ↑ DÓ↑ ___ DÓ↑

7 – DÓ↑ DÓ↑ DÓ↑ DÓ↑ ___ DÓ↑

Exercício 2 – Repetindo o som com auxílio de instrumento harmônico – violão ou teclado (para o professor):

* Todos os exercícios necessitam de repetições.

EXERCÍCIOS COM AS NOTAS SOL, LÁ, SI e DÓ↑

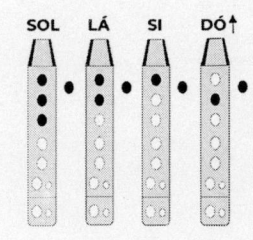

Exercício 1 – Alternando as notas musicais com auxílio de instrumento harmônico – violão ou teclado (para o aluno):

1 – LÁ   SI   DÓ↑ SI   _____ LÁ

2 – LÁ   SI   DÓ↑ SI   _____ LÁ

3 – SOL LÁ   SI   LÁ   _____ SI

4 – LÁ   SI   DÓ↑ SI   _____ LÁ

Leitura rítmica do exercício:

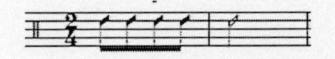

41

Linha harmônica para acompanhamento:

Am / Am / F / F / G / Em / Am / Am

Exercício 2 – Alternando as notas musicais com auxílio de instrumento harmônico – violão ou teclado (para o aluno):

1 – SI   LÁ   SOL   LÁ   _____ DÓ↑

2 – DÓ↑ SI   LÁ   SI   _____ DÓ↑

3 – DÓ↑ SI   LÁ   SI   _____ DÓ↑

4 – LÁ   LÁ   LÁ   LÁ   _____ SOL

Leitura rítmica do exercício:

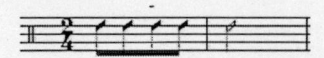

Linha harmônica para acompanhamento:

G / G / Am / Am / D7 / D7 / G / G

Exercício 3 – Alternando as notas musicais com auxílio de instrumento harmônico – violão ou teclado (para o aluno):

1 – SOL   LÁ   SI   LÁ   _____ SOL

2 – LÁ   SI   DÓ↑ SI   _____ LÁ

3 – LÁ   SI   DÓ↑ SI   _____ LÁ

4 – SOL   LÁ   SI   LÁ   _____ SOL

Leitura rítmica do exercício:

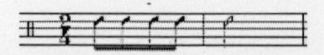

Linha harmônica para acompanhamento:

G / G / Am / Am / D / D / G / G

Exercício 4 – Alternando as notas musicais com auxílio de instrumento harmônico – violão ou teclado (para o aluno):

1 – SOL   SOL   LÁ   LÁ   SI

2 – LÁ   LÁ   SI   SI   DÓ↑

3 – LÁ   LÁ   SI   SI   DÓ↑

4 – SI   SI   LÁ   LÁ   SOL

Leitura rítmica do exercício:

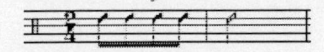

Linha harmônica para acompanhamento:

G / D / Am / C / Am / D7 / D7 / G

A NOTA RÉ↑

Para fazer a nota RÉ↑ (RÉ agudo) basta manter a posição da nota DÓ↑, isto é, tampar apenas um buraquinho da parte frontal da flauta doce, apenas o 2° orifício, começando de cima para baixo, e retirar o dedo "joia" que tampa o buraquinho solitário, deixando liberado a parte de trás.

NOTA RÉ↑

Exercício 1 – Repetindo o som em diferentes tempos (para o aluno):

RÉ ↑
————————————————————
Duração de 4 tempos inteiros

RÉ ↑   RÉ ↑
———————————   ———————————
Duração de 2 tempos   Duração de 2 tempos

RÉ↑   RÉ↑   RÉ↑   RÉ↑
———   ———   ———   ———
1 tempo   1 tempo   1 tempo   1 tempo

RÉ↑ RÉ↑   RÉ↑ RÉ↑   RÉ↑ RÉ↑   RÉ↑ RÉ↑
½ T ½ T   ½ T ½ T   ½ T ½ T   ½ T ½ T

RÉ↑
————————————————————
Duração de 4 tempos

Exercício 1 (para o entendimento do professor):

Exercício 1 (gráfico simplificado para o aluno):

RÉ ↑_____

RÉ ↑_____   _____

RÉ ↑_____   _____   _____   _____

RÉ ↑__ _ __ _ __ _ __ _ __ _ __

RÉ ↑_____

Exercício 2 – Repetindo o som com auxílio de instrumento harmônico – violão ou teclado (para o aluno):

1 – RÉ ↑   RÉ↑   RÉ↑   RÉ↑   ____ RÉ↑

2 – RÉ ↑   RÉ↑   RÉ↑   RÉ↑   ____ RÉ↑

3 – RÉ ↑   RÉ↑   RÉ↑   RÉ↑   ____ RÉ↑

4 – RÉ ↑   RÉ↑   RÉ↑   RÉ↑   ____ RÉ↑

5 – RÉ ↑   RÉ↑   RÉ↑   RÉ↑   ____ RÉ↑

6 – RÉ ↑   RÉ↑   RÉ↑   RÉ↑   ____ RÉ↑

7 – RÉ ↑   RÉ↑   RÉ↑   RÉ↑   ____ RÉ↑

Exercício 2 – Repetindo a som com auxílio de instrumento harmônico – violão ou teclado (para o professor):

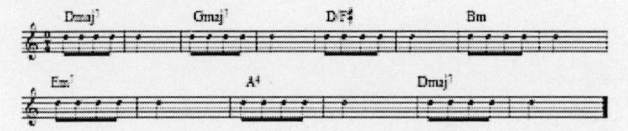

* Todos os exercícios necessitam de repetições.

EXERCÍCIOS COM AS NOTAS SOL, LÁ, SI, DÓ⬆ e RÉ⬆

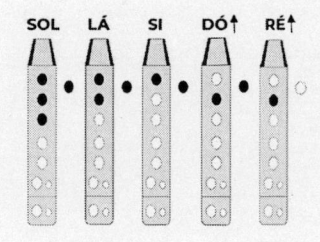

Exercício 1 – Alternando as notas musicais com auxílio de instrumento harmônico – violão ou teclado (para o aluno):

1 – SOL LÁ SI   DÓ⬆ _____ RÉ⬆

2 – RÉ⬆ RÉ⬆ DÓ⬆ DÓ⬆ _____ SI

3 – LÁ LÁ DÓ⬆ DÓ⬆ _____ SI

4 – RÉ⬆ DÓ⬆ SI LÁ _____ SOL

Leitura rítmica do exercício:

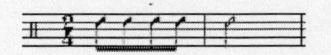

Linha harmônica para acompanhamento:

G / G / D / G / Am / G / D / G

Exercício 2 – Alternando as notas musicais com auxílio de instrumento harmônico – violão ou teclado (para o aluno):

1 – SOL   SOL   LÁ   LÁ   <u>SI</u>

2 – LÁ   LÁ   SI   SI   <u>DÓ</u>↑

3 – SI   SI   DÓ↑   DÓ↑   <u>RÉ</u>↑

4 – RÉ↑   DÓ↑   SI   LÁ   <u>SOL</u>

Leitura rítmica do exercício:

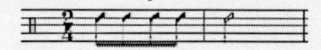

Linha harmônica para acompanhamento:

G / G / Am / Am / G/B / G/B / D / G

Exercício 3 – Alternando as notas musicais com auxílio de instrumento harmônico – violão ou teclado (para o aluno):

1 – RÉ↑   RÉ↑   SI   SI   <u>DÓ</u>↑

2 – DÓ↑   DÓ↑   LÁ   LA   <u>SI</u>

3 – SI   SI   SOL   SOL   <u>LÁ</u>

4 – RÉ↑   DÓ↑   SI   LÁ   <u>SOL</u>

Leitura rítmica do exercício:

Linha harmônica para acompanhamento:

G / Am / D7/F# / G / Em / Am / D7 / G

Exercício 4 – Alternando as notas musicais com auxílio de instrumento harmônico – violão ou teclado (para o aluno):

1 – LÁ   LÁ   DÓ↑   LÁ   _____ SOL

2 – RÉ↑   DÓ↑   SI   LÁ   _____ SOL

3 – SOL   SOL   LÁ   LA   _____ SOL

4 – SOL   SOL   RÉ↑   RÉ↑   _____ SOL

Leitura rítmica do exercício:

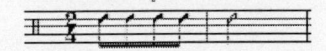

Linha harmônica para acompanhamento:

Am / G / D7 / G / D7 / G / D7 / G

MÚSICAS COM AS NOTAS
SOL, LÁ, SI, DÓ↑ e RÉ↑

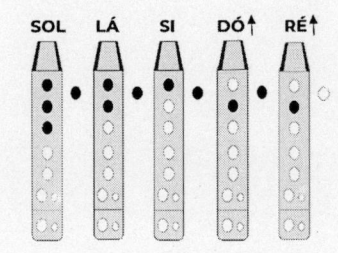

SOL   LÁ   SI   DÓ↑   RÉ↑

Música 1 – Minha flauta

* Notação alternativa para o aluno.

SOL - SOL - _____ LÁ   LÁ - LÁ - _____ SI   SI - SI - _____ DÓ↑

DÓ↑- LÁ - _____ SI   SI - SI - RÉ↑- RÉ↑- _____ DÓ↑

LÁ - LÁ - DÓ↑- DÓ↑- _____ SI

SI - SOL - LÁ - DÓ↑- SI - LÁ - _____ SOL

* Notação convencional com cifragem para auxiliar o professor.

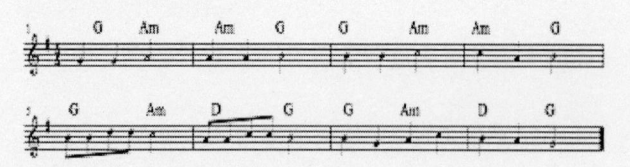

Música 2 – Para Ele o louvor

* Notação alternativa para o aluno.

SI - RÉ↑ - RÉ↑ LA - DÓ↑ - SI   RÉ↑- RÉ↑- RÉ↑- RÉ↑   DÓ↑

DÓ↑- DÓ↑- DÓ↑- DÓ↑   SI

SOL - LA - SI - DÓ↑   RÉ↑   RÉ↑- DÓ↑- SI - LÁ   SOL

* Notação convencional com cifragem para auxiliar o professor.

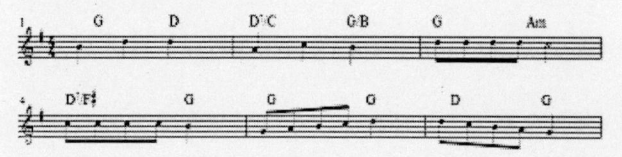

Música 3 – Mundo das flautas

* Notação alternativa para o aluno.

SI - LÁ - SOL - LÁ -   SI   LÁ - DÓ↑ -   SI

RÉ↑- RÉ↑- RÉ↑- RÉ↑-   LÁ   RÉ↑ - RÉ↑ - RÉ↑ - RÉ↑ -   SI

LÁ - SOL - LÁ - DÓ↑ - SI - LÁ↑- SOL - RÉ↑-   SOL

* Notação convencional com cifragem para auxiliar o professor.

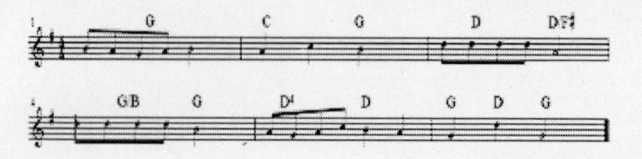

Música 4 – Tocando e tocando

* Notação alternativa para o aluno.

SI - SI - <u>SI</u>   LÁ - LÁ - <u>SI</u>   <u>SI</u> - <u>LÁ</u> - ___ SOL

SOL - LÁ - SI - SOL - ___ DÓ↑

LÁ - SI - DÓ↑- LÁ - ___ RÉ↑

SOL - LA - SI - DÓ↑

RÉ↑- DÓ↑- SI - LA - SOL - SI - RÉ↑- SI - ___ SOL

* Notação convencional com cifragem para auxiliar o professor.

Música 5 – Foi na cruz

* Notação alternativa para o aluno.

SOL - LÁ - <u>SI</u>   SI - SI - <u>SI</u>   DÓ↑- SI - <u>SI</u>   LÁ - LÁ - <u>LÁ</u>

LÁ - SI - <u>DÓ</u>↑   DÓ↑- DÓ↑- <u>RÉ</u>↑   RÉ↑- DÓ↑- ___ SI

SI - SI - <u>DÓ</u>↑   DÓ↑- DÓ↑- <u>SOL</u>   SOL - LÁ - <u>SI</u>   SI - LÁ -

<u>SOL</u>   ↑

SOL - SOL - SOL - <u>LÁ</u>   LÁ - SOL - LÁ - DÓ - SI - LÁ -

<u>SOL</u>

* Notação convencional com cifragem para auxiliar o professor.

Música 6 – Só o sangue de Cristo

* Notação alternativa para o aluno.

SOL - SOL - SOL - LÁ - SI - RÉ↑- SI   SOL - SOL - SOL - LÁ - SI
SI - SI - ___ LÁ - ___ SOL
SOL - SOL - SOL - LÁ - SI - RÉ↑- SI   SOL - SOL - SOL - LÁ - SI
SI - SI - ___ LÁ - ___ SOL
___ RÉ↑- SI - LA - SI - RÉ↑- ___ SI   ___ LÁ - LÁ - SOL - LÁ - LÁ - ___ SI
___ RÉ↑- SI - LA - SI - RÉ↑- ___ SI   SOL - SOL - SOL - LÁ – SI
SI - SI - ___ LÁ - ___ SOL

* Notação convencional com cifra para auxiliar o professor.

Música 7 – Ode a alegria

* Notação alternativa para o aluno.

SI - SI - DÓ - RÉ - RÉ - DÓ - SI - LÁ - SOL - SOL - LÁ - SI - ___ SI - LÁ - ___ LÁ
SI - SI - DÓ - RÉ - RÉ - DÓ - SI - LÁ - SOL - SOL - LÁ - SI - ___ LÁ - SOL - ___ SOL
LÁ - LÁ - SI - SOL - LÁ - SI - DÓ - SI - SOL - LÁ - SI - DÓ - SI - LÁ - SOL - LÁ - ___ RÉ
SI - SI - DÓ - RÉ - RÉ - DÓ - SI - LÁ - SOL - SOL - LÁ - SI - ___ LÁ - SOL - ___ SOL

* Notação convencional com cifra para auxiliar o professor.

Música 8 – Quando todos marcharem

* Notação alternativa para o aluno.

SOL - SI – DÓ↑ - RÉ↑   SOL – SI - DÓ - RÉ↑

SOL - SI - DÓ↑- RÉ↑- SI - SOL - SI -___ LÁ

SI - SI - LÁ -___ SOL - SOL - SI - RÉ↑ - RÉ↑-___ DÓ↑

SOL - SI - DÓ↑- RÉ↑- SI - LÁ - SI -___ SOL

* Notação convencional com cifra para auxiliar o professor.

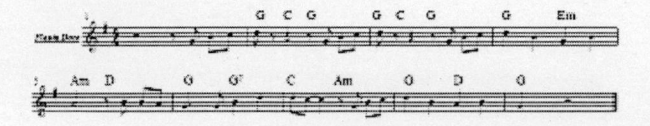

NOVOS AVANÇOS...

Caro professor e estudante,

Daqui em diante traçaremos novos avanços em nossos estudos da flauta doce, principalmente, a partir do Capítulo 6, pois daremos início ao uso da mão direita; não que ela estivesse sem função, mas porque, agora, ela irá além do papel de auxiliar no sustento do peso da flauta doce. Ela será responsável por construir novas posições e, consequentemente, novas notas musicais. Assim, se antes os dedos estavam descansando, agora eles começarão a trabalhar. Iniciaremos com as posições das notas FÁ, MI e, depois, iremos para as duas posições que consideramos as mais difíceis na flauta doce: as notas DÓ e RÉ grave.

Colocamos um traço vermelho limítrofe para os desenhos de flauta doce que aparecerão daqui para frente.

Traço preto limítrofe

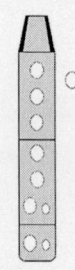

Esse traço tem a função de delimitar o uso independente das mãos conforme no exemplo ao lado.

MÃO ESQUERDA

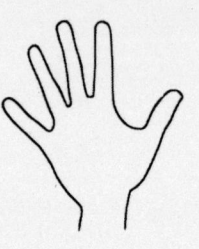

MÃO DIREITA

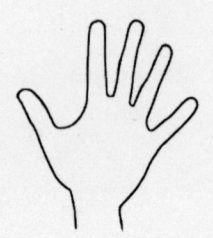

Vai ficar um pouquinho mais complicado, mas não desistam. Com as próximas notas musicais ampliaremos as notas musicais da escala musical e, assim, aumentaremos as possibilidades em nosso repertório.

VAMOS EM FRENTE!!!

BONS ESTUDOS!!!

3

A NOTA FÁ

Para fazer a nota FÁ partiremos da posição do SOL e usaremos apenas o dedo indicador da outra mão para tampar o buraquinho subsequente da parte frontal da flauta doce, ou seja, o 4° buraquinho, começando de cima para baixo. Não se esquecer de tampar também o buraquinho solitário, usando o dedo "joia", na parte de trás.

NOTA FÁ

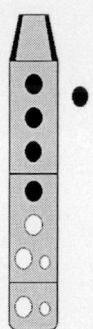

Exercício 1 – Repetindo o som em diferentes tempos (para o aluno):

FÁ
_____
Duração de 4 tempos inteiros

FÁ   FÁ
_____   _____
Duração de 2 tempos   Duração de 2 tempos

FÁ   FÁ   FÁ   FÁ
1 tempo   1 tempo   1 tempo   1 tempo

FÁ   FÁ   FÁ   FÁ   FÁ   FÁ   FÁ   FÁ
½ T   ½ T   ½ T   ½ T   ½ T   ½ T   ½ T   ½ T

FÁ
_____
Duração de 4 tempos

Exercício 1 (para o entendimento do professor):

Exercício 1 (gráfico simplificado para o aluno):

FÁ _____

FÁ _____ _____

FÁ _____ _____ _____ _____ _____

FÁ ___ ___ ___ ___ ___ ___ ___ ___ ___ ___

FÁ _____

Exercício 2 – Repetindo o som com auxílio de instrumento harmônico – violão ou teclado (para o aluno):

1 – FÁ   FÁ   FÁ   FÁ   RÉ

2 – FÁ   FÁ   FÁ   FÁ   RÉ

3 – FÁ   FÁ   FÁ   FÁ   RÉ

4 – FÁ   FÁ   FÁ   FÁ   RÉ

5 – FÁ   FÁ   FÁ   FÁ   RÉ

6 – FÁ   FÁ   FÁ   FÁ   RÉ

7 – FÁ   FÁ   FÁ   FÁ   RÉ

Exercício 2 – Repetindo o som com auxílio de instrumento harmônico – violão ou teclado (para o professor):

* Todos os exercícios necessitam de repetições.

EXERCÍCIOS COM AS NOTAS FÁ, SOL, LÁ, DÓ↑ e RÉ↑

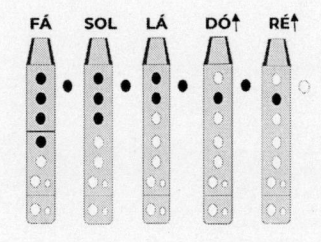

Exercício 1 – Alternando as notas musicais com auxílio de instrumento harmônico – violão ou teclado (para o aluno):

1 – FÁ   FÁ   SOL   SOL   _____   FÁ

2 – FÁ   FÁ   LÁ   LÁ   _____   FÁ

3 – LÁ   LÁ   FÁ   FÁ   _____   LÁ

4 – DÓ↑   RÉ↑   DÓ↑   LÁ   _____   FÁ

Leitura rítmica do exercício:

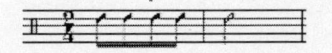

Linha harmônica para acompanhamento:

F / F / F / F / F/A / F/A / C / F

Exercício 2 – Alternando as notas musicais com auxílio de instrumento harmônico – violão ou teclado (para o aluno):

1 – DÓ↑ DÓ↑ LÁ LÁ _____ SOL
2 – DÓ↑ DÓ↑ SOL SOL _____ FÁ
3 – RÉ↑ RÉ↑ LÁ LÁ _____ SOL
4 – DÓ↑ RÉ↑ DÓ↑ LÁ _____ FÁ

Leitura rítmica do exercício:

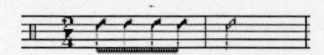

Linha harmônica para acompanhamento:

C / C / C / F / F / Gm / C / F

Exercício 3 – Alternando as notas musicais com auxílio de instrumento harmônico – violão ou teclado (para o aluno):

1 – FÁ SOL FÁ SOL _____ FÁ
2 – FÁ SOL LÁ SOL _____ FÁ
3 – DÓ↑ DÓ↑ LÁ LÁ _____ SOL
4 – DÓ↑ RÉ↑ DÓ↑ LÁ _____ FÁ

Leitura rítmica do exercício:

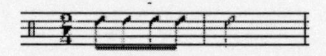

Linha harmônica para acompanhamento:

F / F / F / F / C / C / C / F

Exercício 4 – Alternando as notas musicais com auxílio de instrumento harmônico – violão ou teclado (para o aluno):

1 – FÁ   FÁ   SOL   SOL   <u>LÁ</u>

2 – FÁ   FÁ   LÁ   LÁ   <u>DÓ</u>

3 – DÓ↑   RÉ↑   DÓ↑   LÁ   <u>SOL</u>

4 – DÓ↑   DÓ↑   SOL   SOL   <u>FÁ</u>

Leitura rítmica do exercício:

Linha harmônica para acompanhamento:

 F / F / F / F / C / C / C7 / F

A NOTA MI

Para fazer a nota MI partiremos da posição do FÁ e usaremos apenas o dedo médio para tampar o buraquinho subsequente da parte frontal da flauta doce, ou seja, o 5º orifício, começando de cima para baixo. Não se esquecer de tampar também o buraquinho solitário, usando o dedo "joia", na parte de trás.

NOTA MI

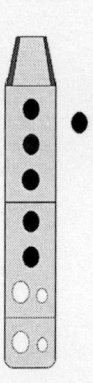

Exercício 1 – Repetindo o som em diferentes tempos (para o aluno):

MI
Duração de 4 tempos inteiros

MI
Duração de 2 tempos

MI
Duração de 2 tempos

MI
1 tempo

MI
1 tempo

MI
1 tempo

MI
1 tempo

MI
½ T

MI
½ T

MI
½ T

MI
½ T

MI
½ T

MI
½ T

MI
½ T

MI
½ T

MI
Duração de 4 tempos

Exercício 1 (para o entendimento do professor):

Exercício 1 (gráfico simplificado para o aluno):

MI _____

MI _____   _____

MI _____ _____   _____   _____

MI ___ ___ ___ ___ ___ ___ ___

MI _____

Exercício 2 – Repetindo o som com auxílio de instrumento harmônico – violão ou teclado (para o aluno):

1 – MI   MI   MI   MI   ____ MI

2 – MI   MI   MI   MI   ____ MI

3 – MI   MI   MI   MI   ____ MI

4 – MI   MI   MI   MI   ____ MI

5 – MI   MI   MI   MI   ____ MI

6 – MI   MI   MI   MI   ____ MI

7 – MI   MI   MI   MI   ____ MI

Exercício 2 – Repetindo o som com auxílio de instrumento harmônico – violão ou teclado (para o professor):

* Todos os exercícios necessitam de repetições.

EXERCÍCIOS COM AS NOTAS MI, FÁ, SOL, LÁ, SI e DÓ↑

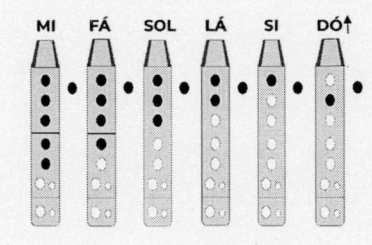

Exercício 1 – Alternando as notas musicais com auxílio de instrumento harmônico – violão ou teclado (para o aluno):

1 – MI   MI   FÁ   FÁ   SOL

2 – SOL SOL FÁ   FÁ   MI

3 – SI   SI   LÁ   LÁ   SI

4 – SOL SOL FÁ   FÁ   MI

Leitura rítmica do exercício:

Linha harmônica para acompanhamento:

🎼 2/4 Em / Em / Em / Em / B / B / B / Em

Exercício 2 – Alternando as notas musicais com auxílio de instrumento harmônico – violão ou teclado (para o aluno):

1 – MI   SI   SI   SI   MI
2 – FA   DÓ↑   DÓ↑   DÓ↑   FÁ
3 – DÓ↑   SI   LÁ   SOL   FÁ
4 – MI↑   FÁ   SOL   FÁ   MI

Leitura rítmica do exercício:

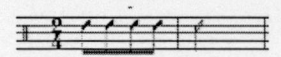

Linha harmônica para acompanhamento:

🎼 2/4 E / E / F / F / F / F / Em / Em

Exercício 3 – Alternando as notas musicais com auxílio de instrumento harmônico – violão ou teclado (para o aluno):

1 – MI   SI   SOL   FÁ   MI
2 – LÁ   LÁ   RÉ↑   RÉ↑   LÁ
3 – SI   SI   SI   LÁ   SI
4 – SI   LÁ   SOL   FÁ   MI

Leitura rítmica do exercício:

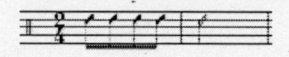

Linha harmônica para acompanhamento:

🎼 2/4 Em / Em / Am / Am / B / B / Em / Em

Exercício 4 – Alternando as notas musicais com auxílio de instrumento harmônico – violão ou teclado (para o aluno):

1 – MI   MI   MI   MI   _____   SI
2 – LÁ   LÁ   SOL   SOL   _____   LÁ
3 – RÉ↑   RÉ↑   RÉ↑   RÉ   _____   LÁ
4 – SI   LÁ   SOL   FÁ   _____   MI

Leitura rítmica do exercício:

Linha harmônica para acompanhamento:

 E / E / F / F / F / F / Em / Em

A NOTA RÉ (GRAVE)

Para fazer a nota RÉ partiremos da posição do MI e usaremos apenas o dedo anelar para tampar os dois buraquinhos subsequentes. Isso mesmo, agora são dois e em paralelos: um maior e outro menor; ambos na parte frontal da flauta doce, ou seja, o 6º orifício, começando de cima para baixo. Não se esquecer de tampar também o buraquinho solitário, usando o dedo "joia", na parte de trás.

NOTA RÉ

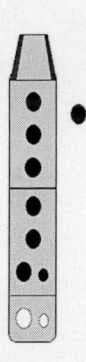

Exercício 1 – Repetindo o som em diferentes tempos (para o aluno):

RÉ
Duração de 4 tempos inteiros

RÉ
Duração de 2 tempos

RÉ
Duração de 2 tempos

RÉ
1 tempo

RÉ
1 tempo

RÉ
1 tempo

RÉ
1 tempo

RÉ
½ T

RÉ
½ T

RÉ
½ T

RÉ
½ T

RÉ
½ T

RÉ
½ T

RÉ
½ T

RÉ
½ T

RÉ
Duração de 4 tempos

Exercício 1 (para o entendimento do professor):

Exercício 1 (gráfico simplificado para o aluno):

RÉ _____

RÉ _____ _____

RÉ _____ _____   _____ _____

RÉ ___ ___ ___ ___ ___ ___ ___ ___

RÉ _____

Exercício 2 – Repetindo o som com auxílio de instrumento harmônico – violão ou teclado (para o aluno):

1 – RÉ   RÉ   RÉ   RÉ   _____ RÉ

2 – RÉ   RÉ   RÉ   RÉ   _____ RÉ

3 – RÉ   RÉ   RÉ   RÉ   _____ RÉ

4 – RÉ   RÉ   RÉ   RÉ   _____ RÉ

5 – RÉ   RÉ   RÉ   RÉ   _____ RÉ

6 – RÉ   RÉ   RÉ   RÉ   _____ RÉ

7 – RÉ   RÉ   RÉ   RÉ   _____ RÉ

Exercício 2 – Repetindo o som com auxílio de instrumento harmônico – violão ou teclado (para o professor):

* Todos os exercícios necessitam de repetições.

EXERCÍCIOS COM AS NOTAS RÉ, MI, FÁ, SOL, LÁ, SI e DÓ↑

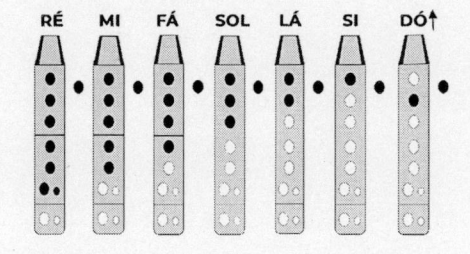

| RÉ | MI | FÁ | SOL | LÁ | SI | DÓ↑ |

Exercício 1 – Alternando as notas musicais com auxílio de instrumento harmônico – violão ou teclado (para o aluno):

1 – RÉ RÉ RÉ MI <u>FÁ</u>

2 – MI MI MI FÁ <u>SOL</u>

3 – SI SI SOL SOL <u>MI</u>

4 – LÁ LÁ FÁ FÁ <u>RÉ</u>

Leitura rítmica do exercício:

Linha harmônica para acompanhamento:

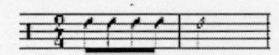 Dm / Dm / Em / Em / Em / Em / Dm / Dm

Exercício 2 – Alternando as notas musicais com auxílio de instrumento harmônico – violão ou teclado (para o aluno):

1 – RÉ   MI   FÁ   SOL   ____LÁ

2 – LÁ   SI   DÓ↑   LÁ   ____SOL

3 – LÁ   SOL   FÁ   SOL   ____FÁ

4 – SOL   SOL   MI   RÉ   ____MI

Leitura rítmica do exercício:

Linha harmônica para acompanhamento:

D / F / Am / C / Am / F / G / Em

EXERCÍCIOS COM AS NOTAS
RÉ, MI, FÁ, SOL, LÁ, SI, DÓ↑ e RÉ↑

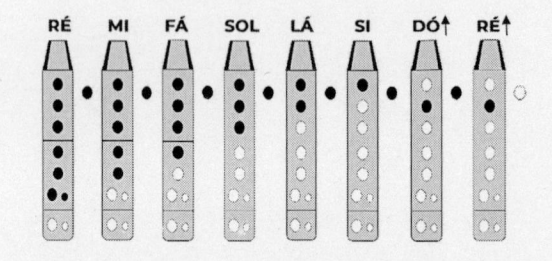

Exercício 1 – Alternando as notas musicais com auxílio de instrumento harmônico – violão ou teclado (para o aluno):

1 – RÉ   FÁ   FÁ   RÉ   ____LÁ

2 – SOL   LÁ   LÁ   SOL   ____RÉ↑

3 – SI   SI   SOL   SOL   ____MI

4 – LÁ   LÁ   FÁ   FÁ   ____RÉ

Leitura rítmica do exercício:

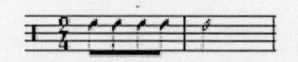

Linha harmônica para acompanhamento:

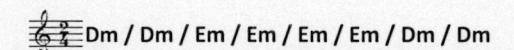 Dm / Dm / Em / Em / Em / Em / Dm / Dm

Exercício 2 – Alternando as notas musicais com auxílio de instrumento harmônico – violão ou teclado (para o aluno):

1 – LÁ MI MI LÁ _____ LÁ

2 – LÁ RÉ RÉ LÁ _____ LÁ

3 – SI SI RÉ↑ SI _____ LÁ

4 – SOL SOL MI MI _____ RÉ

Leitura rítmica do exercício:

Linha harmônica para acompanhamento:

 A / A / D / D / Am / F / G / Em

A NOTA DÓ (GRAVE)

Consideramos a nota DÓ (grave) a mais difícil de se executar. Partiremos da posição do RÉ (grave) e usaremos apenas o dedo mindinho para tampar os dois últimos buraquinhos paralelos subsequentes, ou seja, o 7° orifício, começando de cima para baixo. Não se esquecer de tampar também o buraquinho solitário, usando o dedo "joia", na parte de trás. Se estamos todos atentos, perceberemos que para fazer o DÓ (grave) basta tampar todos os buraquinhos da flauta doce. Para facilitar o manuseio, orientamos que a parte inferior da flauta doce seja girada para o lado do dedo mindinho, desalinhando a última parte em relação ao restante do instrumento.

NOTA DÓ

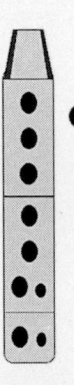

**GIRO NA PARTE INFERIOR
DA FLAUTA DOCE**

Exercício 1 – Repetindo o som em diferentes tempos (para o aluno):

DÓ
Duração de 4 tempos inteiros

DÓ	DÓ
Duração de 2 tempos	Duração de 2 tempos

DÓ	DÓ	DÓ	DÓ
1 tempo	1 tempo	1 tempo	1 tempo

DÓ	DÓ	DÓ	DÓ	DÓ	DÓ	DÓ	DÓ
½ T	½ T	½ T	½ T	½ T	½ T	½ T	½ T

DÓ
Duração de 4 tempos

Exercício 1 (para o entendimento do professor):

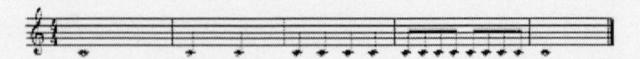

Exercício 1 (gráfico simplificado para o aluno):

DÓ _____

DÓ _____ _____

DÓ _____ _____   _____ _____

DÓ ___ ___ ___ ___ ___ ___ ___

DÓ _____

Exercício 2 – Repetindo o som com auxílio de instrumento harmônico – violão ou teclado (para o aluno):

1 – DÓ   DÓ   DÓ   DÓ   ____ DÓ

2 – DÓ   DÓ   DÓ   DÓ   ____ DÓ

3 – DÓ   DÓ   DÓ   DÓ   ____ DÓ

4 – DÓ   DÓ   DÓ   DÓ   ____ DÓ

5 – DÓ   DÓ   DÓ   DÓ   ____ DÓ

6 – DÓ   DÓ   DÓ   DÓ   ____ DÓ

7 – DÓ   DÓ   DÓ   DÓ   ____ DÓ

Exercício 2 – Repetindo o som com auxílio de instrumento harmônico – violão ou teclado (para o professor):

* Todos os exercícios necessitam de repetições.

EXERCÍCIOS COM AS NOTAS DÓ, RÉ, MI, FÁ, SOL, LÁ, SI, DÓ↑ e RÉ↑

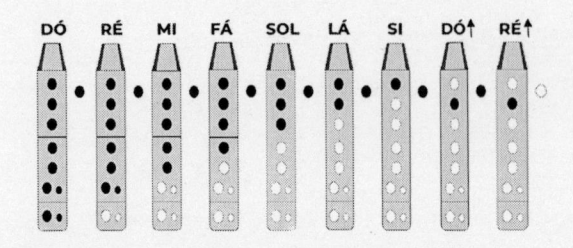

Exercício 1 – Alternando as notas musicais com auxílio de instrumento harmônico – violão ou teclado (para o aluno):

1 – DÓ   DÓ   DÓ   RÉ   _____   MI

2 – RÉ   RÉ   MI   RÉ   _____   DÓ

3 – DÓ↑   DÓ↑   SI   LÁ   _____   SOL

4 – FÁ   FÁ   MI   RÉ   _____   DÓ

Leitura rítmica do exercício:

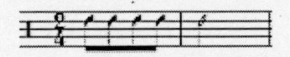

Linha harmônica para acompanhamento:

C / C / G / C / C / Em / Dm / C

Exercício 2 – Alternando as notas musicais com auxílio de instrumento harmônico – violão ou teclado (para o aluno):

1 – MI   MI   MI   RÉ   _____   DÓ

2 – FA   FÁ   FÁ   MI   _____   RÉ

3 – FA   FÁ   FÁ   RÉ   _____   SOL

4 – MI   MI   RÉ   RÉ   _____   DÓ

Leitura rítmica do exercício:

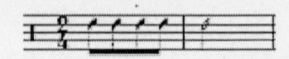

Linha harmônica para acompanhamento:

C / C / Dm / Dm / F / G / G / C

Exercício 3 – Alternando as notas musicais com auxílio de instrumento harmônico – violão ou teclado (para o aluno):

1 – DÓ   DÓ   SI   LA   _____ SOL

2 – SOL   FÁ   MI   RÉ   _____ DÓ

3 – DÓ   DÓ   RÉ   MI   _____ FÁ

4 – SOL   SOL   LÁ   SI   _____ DÓ↑

Leitura rítmica do exercício:

Linha harmônica para acompanhamento:

C / G / G / C / C / F / G / C

Exercício 4 – Alternando as notas musicais com auxílio de instrumento harmônico – violão ou teclado (para o aluno):

1 – SOL   SOL   MI   RÉ   _____ DÓ

2 – LÁ   LÁ   FÁ   MI   _____ RÉ

3 – SI   SI   LÁ   RÉ↑   _____ DÓ↑

4 – SOL   FÁ   MI   RÉ   _____ DÓ

Leitura rítmica do exercício:

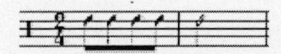

Linha harmônica para acompanhamento:

C / C / Dm / Dm / G / C / G / C

MÚSICAS COM AS NOTAS DÓ, RÉ, MI, FÁ, SOL, LÁ, SI, DÓ↑ e RÉ↑

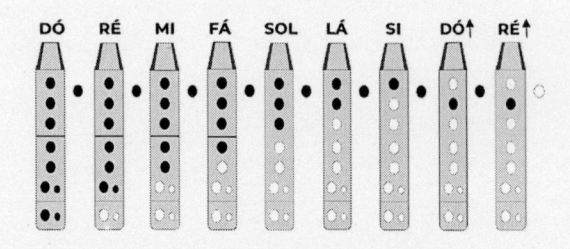

Música 1 – Pelejar por Cristo

* Notação alternativa para o aluno.

MI - SOL - SOL - MI - DÓ - FÁ LÁ - ___ LÁ

SOL - SI - SI - LÁ - SOL - SOL - DÓ↑ - ___ SOL

MI - SOL - SOL - MI - DÓ - FÁ LÁ - ___ LÁ

SOL - SI - RÉ↑ SOL - SI - RÉ↑ RÉ↑ - ___ DÓ↑

MI - ___ SOL MI - ___ DÓ↑ SOL - LÁ - FÁ - ___ RÉ↑

DÓ↑ - ___ SI LÁ - ___ SI LÁ - SOL - DÓ↑ - SOL

MI - FÁ - ___ SOL MI - ___ DÓ↑ SOL - LÁ - FÁ - ___ RÉ↑

DÓ↑ - SI - SOL - LÁ - SI - ___ DÓ↑

* Notação convencional com cifra para auxiliar o professor.

Música 2 – Em Jesus

* Notação alternativa para o aluno.

MI - MI - ___ MI   MI - FÁ - MI - RÉ - DÓ - MI - RÉ

FÁ - FÁ - ___ FÁ   SOL - SI - LÁ - SOL - FÁ - FÁ - MI

SOL - SOL - ___ SOL   SOL - DÓ↑ - SI - RÉ↑ - DÓ↑- SI - LÁ

SOL - LÁ - ___ SOL   MI - SOL - FÁ - MI - RÉ - ___ DÓ

MI - MI - ___ MI   MI - FÁ - MI - RÉ - DÓ - MI - RÉ

FÁ - FÁ - ___ FÁ   SOL - SI - LÁ - SOL - FÁ - FÁ - MI

SOL - SOL - ___ SOL   SOL - DÓ↑ - SI - RÉ↑ - DÓ↑- SI - LÁ

SOL - LÁ - ___ SOL   MI - SOL - FÁ - MI - RÉ - ___ DÓ

* Notação convencional com cifra para auxiliar o professor.

* Notação convencional com cifra para auxiliar o professor.

Música 3 – Vem Redentor

* Notação alternativa para o aluno.

MI - MI - MI - SOL - SOL - FÁ - MI - FÁ - RÉ

RÉ - MI - FÁ - SOL - LÁ - SOL - _____ SOL

MI - MI - MI - SOL - SOL - FÁ - MI - FÁ - RÉ

RÉ - MI - FÁ - SOL - LÁ - SOL - _____ DÓ

LÁ - LÁ - LÁ - SI - DÓ↑ - LÁ - SOL - SOL - SOL - MI

RÉ - MI - FÁ - SOL - LÁ - SOL - _____ SOL

LÁ - LÁ - LÁ - SI - DÓ↑ - LÁ - SOL - SOL - SOL - MI

RÉ - MI - FÁ - SOL - LÁ - SOL - _____ DÓ

Música 4 – Deixai as ilusões

* Notação alternativa para o aluno.

DÓ↑ - ___ SI - LÁ - FA - SOL - SI - LÁ - ___ SOL

LÁ - ___ SOL - FÁ - RÉ - FÁ - LÁ - SOL - ___ MI

DÓ↑ - ___ SI - LÁ - FA - SOL - SI - LÁ - ___ SOL

DÓ↑ - ___ RÉ↑ - LÁ - DÓ↑ - SI - LÁ - SI - ___ DÓ↑

DÓ - ___ SI - LÁ - FA - SOL - SI - LÁ - ___ SOL

LÁ - ___ SOL - FÁ - RÉ - FÁ - LÁ - SOL - ___ MI

DÓ↑ - ___ SI - LÁ - FA - SOL - SI - LÁ - ___ SOL

DÓ↑ - ___ RÉ↑ - LÁ - DÓ↑ - SI - LÁ - SI - ___ DÓ↑

* Notação convencional com cifra para auxiliar o professor.

4

A NOTA MI↑ (AGUDA)

Voltaremos, a partir deste capítulo, a considerar as posições das notas musicais mais agudas. Dedicaremos as atenções para as notas MI↑, FÁ↑ e SOL↑, ou seja, todas as três de altura aguda ainda não vistas. Mostraremos, também, as duas possíveis posições de manuseio na flauta doce para a execução das mesmas notas. No caso do MI↑ agudo, apresentaremos a **posição 1** e a **posição 2**.

Posição 1 - É preciso partir da mesma posição do MI grave e, cumprida essa etapa, deve-se, cuidadosamente, abrir um mínimo espaço no buraquinho solitário, movimentando para baixo o dedo "joia", na parte de trás.

Posição 2 - É preciso partir da mesma posição do MI grave e, após isso, retirar o primeiro dedo (indicador) do primeiro buraquinho de cima para baixo. Atentar em manter completamente tampado o buraquinho solitário, com o dedo "joia", na parte de trás.

Obs.: orientamos o uso do MI agudo na **Posição 1** para o desenvolvimento dos exercícios.

MI↑ Posição 1

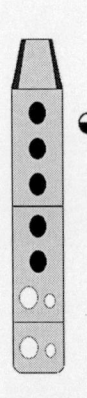

MI↑ Posição 2

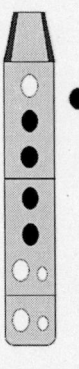

Exercício 1 – Repetindo o som em diferentes tempos (para o aluno):

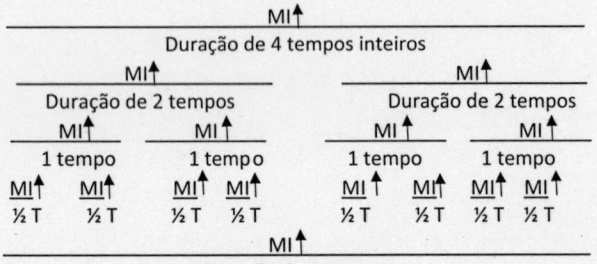

MI↑

Duração de 4 tempos inteiros

MI↑   MI↑

Duração de 2 tempos   Duração de 2 tempos

MI↑   MI↑   MI↑   MI↑

1 tempo   1 tempo   1 tempo   1 tempo

MI↑ MI↑   MI↑ MI↑   MI↑ MI↑   MI↑ MI↑

½ T   ½ T   ½ T   ½ T   ½ T   ½ T   ½ T   ½ T

MI↑

Duração de 4 tempos

Exercício 1 (para o entendimento do professor):

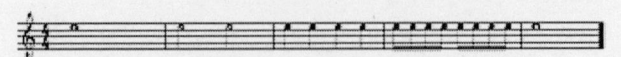

Exercício 1 (gráfico simplificado para o aluno):

MI↑ _____

MI↑ _____ _____

MI↑ _____ _____ _____ _____ _____

MI↑ ___ ___ ___ ___ ___ ___ ___ ___

MI↑ _____

Exercício 2 – Repetindo a som com auxílio de instrumento harmônico – violão ou teclado (para o aluno):

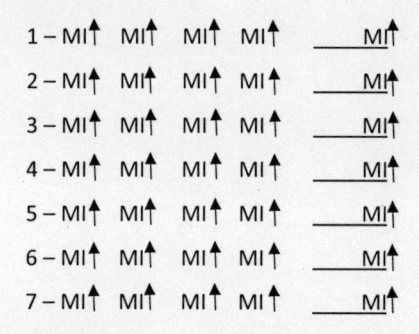

1 – MI↑ MI↑ MI↑ MI↑ _____ MI↑

2 – MI↑ MI↑ MI↑ MI↑ _____ MI↑

3 – MI↑ MI↑ MI↑ MI↑ _____ MI↑

4 – MI↑ MI↑ MI↑ MI↑ _____ MI↑

5 – MI↑ MI↑ MI↑ MI↑ _____ MI↑

6 – MI↑ MI↑ MI↑ MI↑ _____ MI↑

7 – MI↑ MI↑ MI↑ MI↑ _____ MI↑

Exercício 2 – Repetindo o som com auxílio de instrumento harmônico – violão ou teclado (para o professor):

* Todos os exercícios necessitam de repetições.

EXERCÍCIOS COM AS NOTAS MI, FÁ, SOL, LÁ, SI, DÓ↑, RÉ↑ e MI↑

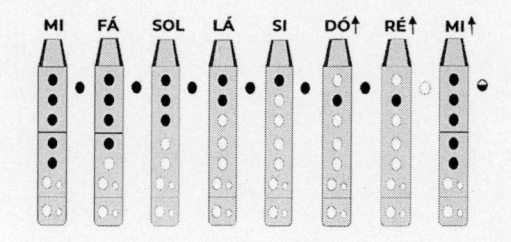

Exercício 1 – Alternando as notas musicais com auxílio de instrumento harmônico – violão ou teclado (para o aluno):

1 – MI↑ MI↑ RÉ↑ RÉ↑ _____ DÓ↑

2 – SOL SOL FÁ FÁ _____ MI

3 – SI SI LÁ LÁ _____ SI

4 – SOL SOL FÁ FÁ _____ MI

Leitura rítmica do exercício:

Linha harmônica para acompanhamento:

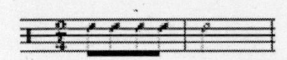 Em / C / Em / Em / B / B / B / Em

Exercício 2 – Alternando as notas musicais com auxílio de instrumento harmônico – violão ou teclado (para o aluno):

1 – MI↑ SI SI SI _____ MI↑

2 – FA DÓ↑ DÓ↑ DÓ↑ _____ FÁ

3 – DÓ↑ SI LÁ SOL _____ FÁ

4 – MI↑ RÉ↑ DÓ↑ RÉ↑ _____ MI↑

Leitura rítmica do exercício:

Linha harmônica para acompanhamento:

E / E / F / F / F / F / Em / Em

Exercício 3 – Alternando as notas musicais com auxílio de instrumento harmônico – violão ou teclado (para o aluno):

1 – MI↑ SI SOL FÁ _____ MI

2 – LÁ LÁ RÉ↑ RÉ↑ _____ LÁ

3 – SI SI SI LÁ _____ SI

4 – SI LÁ SOL RÉ↑ _____ MI↑

Leitura rítmica do exercício:

Linha harmônica para acompanhamento:

Em / Em / Am / Am / B / B / Em / Em

Exercício 4 – Alternando as notas musicais com auxílio de instrumento harmônico – violão ou teclado (para o aluno):

1 – MI↑ MI↑ MI↑ MI↑ _____ SI

2 – LÁ LÁ SOL SOL _____ LÁ

3 – RÉ↑ RÉ↑ DÓ↑ DÓ↑ _____ LÁ

4 – SI LÁ SOL FÁ _____ MI

Leitura rítmica do exercício:

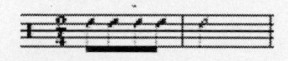

Linha harmônica para acompanhamento:

 E / E / F / F / F / F / Em / Em

A NOTA FÁ↑ (AGUDA)

Igualmente, como na posição da nota MI↑ aguda, apresentaremos dois modos possíveis para realizar a nota FÁ↑ aguda.

Posição 1 - É preciso partir da mesma posição da nota FÁ grave e, cumprida essa etapa, deve-se, cuidadosamente, abrir um mínimo espaço no buraquinho solitário, movimentando para baixo o dedo "joia" na parte de trás.

Posição 2 - É preciso partir da mesma posição da nota FÁ grave e, após isso, retirar o primeiro dedo (indicador) do primeiro buraquinho de cima para baixo. Atentar em manter completamente tampado o buraquinho solitário, com o dedo "joia", na parte de trás.

Obs.: orientamos o uso do FÁ↑ agudo na **Posição 1** para o desenvolvimento dos exercícios.

FÁ↑ Posição 1

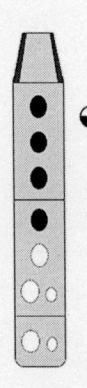

FÁ↑ Posição 2

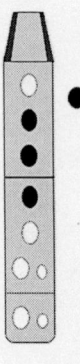

Exercício 1 – Repetindo o som em diferentes tempos (para o aluno):

FÁ↑
Duração de 4 tempos inteiros

FÁ↑   FÁ↑
Duração de 2 tempos   Duração de 2 tempos

FÁ↑   FÁ↑   FÁ↑   FÁ↑
1 tempo   1 tempo   1 tempo   1 tempo

FÁ↑ FÁ↑   FÁ↑ FÁ↑   FÁ↑ FÁ↑   FÁ↑ FÁ↑
½ T ½ T   ½ T ½ T   ½ T ½ T   ½ T ½ T

FÁ↑
Duração de 4 tempos

Exercício 1 (para o entendimento do professor):

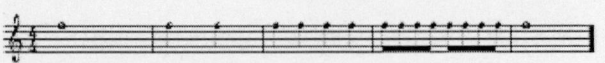

Exercício 1 (gráfico simplificado para o aluno):

FÁ↑_____

FÁ↑_____   _____

FÁ↑_____   _____   _____   _____

FÁ↑_____ _____ _____ _____ _____ _____ _____

FÁ↑_____

Exercício 2 – Repetindo o som com auxílio de instrumento harmônico – violão ou teclado (para o aluno):

1 – FÁ↑ FÁ↑ FÁ↑ FÁ↑ _____ FÁ↑

2 – FÁ↑ FÁ↑ FÁ↑ FÁ↑ _____ FÁ↑

3 – FÁ↑ FÁ↑ FÁ↑ FÁ↑ _____ FÁ↑

4 – FÁ↑ FÁ↑ FÁ↑ FÁ↑ _____ FÁ↑

5 – FÁ↑ FÁ↑ FÁ↑ FÁ↑ _____ FÁ↑

6 – FÁ↑ FÁ↑ FÁ↑ FÁ↑ _____ FÁ↑

7 – FÁ↑ FÁ↑ FÁ↑ FÁ↑ _____ FÁ↑

Exercício 2 – Repetindo o som com auxílio de instrumento harmônico – violão ou teclado (para o professor):

* Todos os exercícios necessitam de repetições.

EXERCÍCIOS COM AS NOTAS FÁ, SOL, LÁ, SI, DÓ↑, RÉ↑, MI↑ e FÁ↑

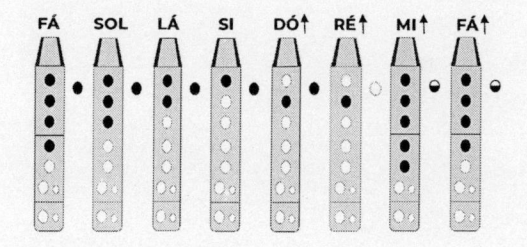

FÁ SOL LÁ SI DÓ↑ RÉ↑ MI↑ FÁ↑

Exercício 1 – Alternando as notas musicais com auxílio de instrumento harmônico – violão ou teclado (para o aluno):

1 – FÁ↑ FÁ↑ DÓ↑ DÓ↑ _____ FÁ↑

2 – FÁ↑ FÁ↑ LÁ LÁ _____ FÁ↑

3 – DÓ↑ DÓ↑ FÁ↑ FÁ↑ _____ LÁ

4 – DÓ↑ RÉ↑ DÓ↑ LÁ _____ FÁ↑

Leitura rítmica do exercício:

Linha harmônica para acompanhamento:

F / F / F / F / F/A / F/A / C / F

Exercício 2 – Alternando as notas musicais com auxílio de instrumento harmônico – violão ou teclado (para o aluno):

1 – DÓ↑   DÓ↑   LÁ   LÁ   <u>SOL</u>

2 – DÓ↑   DÓ↑   SOL   SOL   <u>FÁ↑</u>

3 – RÉ↑   RÉ↑   LÁ   LÁ   <u>SOL</u>

4 – DÓ↑   RÉ↑   DÓ↑   LÁ   <u>FÁ↑</u>

Leitura rítmica do exercício:

Linha harmônica para acompanhamento:

C / C / C / F / F / Gm / C / F

Exercício 3 – Alternando as notas musicais com auxílio de instrumento harmônico – violão ou teclado (para o aluno):

1 – FÁ↑   DÓ↑   FÁ↑   SOL   <u>FÁ↑</u>

2 – FÁ   SOL   LÁ   SOL   <u>FÁ</u>

3 – DÓ↑   DÓ↑   LÁ   LÁ   <u>SOL</u>

4 – DÓ↑   RÉ↑   DÓ↑   LÁ   <u>FÁ↑</u>

Leitura rítmica do exercício:

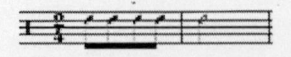

Linha harmônica para acompanhamento:

F / F / F / F / C / C / C / F

Exercício 4 – Alternando as notas musicais com auxílio de instrumento harmônico – violão ou teclado (para o aluno):

1 – FÁ   FÁ   SOL   SOL   <u>LÁ</u>

2 – FÁ   FÁ   LÁ   LÁ   <u>DÓ</u>

3 – DÓ↑   RÉ↑   DÓ↑   LÁ   <u>SOL</u>

4 – DÓ↑   DÓ↑   SOL   SOL   <u>FÁ↑</u>

Leitura rítmica do exercício:

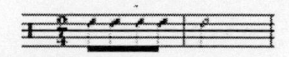

Linha harmônica para acompanhamento:

 F / F / F / F / C / C / C7 / F

A NOTA SOL↑ (AGUDA)

Para fazer a nota SOL↑ aguda partiremos da mesma posição da nota SOL grave, ou seja, é preciso tampar os três primeiros buraquinhos da parte frontal da flauta doce, começando de cima para baixo. Já na parte de trás da flauta, cuidadosamente, abrir um mínimo espaço no buraquinho solitário, movimentando para baixo o dedo "joia".

NOTA SOL↑

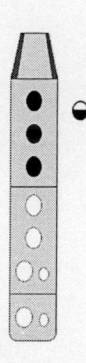

Exercício 1 – Repetindo o som em diferentes tempos (para o aluno):

SOL↑
Duração de 4 tempos inteiros

SOL↑ | SOL↑
Duração de 2 tempos | Duração de 2 tempos

SOL↑ | SOL↑ | SOL↑ | SOL↑
1 tempo | 1 tempo | 1 tempo | 1 tempo

SOL↑ SOL↑ | SOL↑ SOL↑ | SOL↑ SOL↑ | SOL↑ SOL↑
½ T ½ T | ½ T ½ T | ½ T ½ T | ½ T ½ T

SOL↑
Duração de 4 tempos

Exercício 1 (para o entendimento do professor):

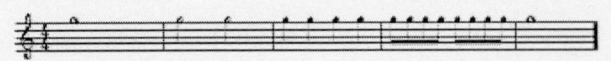

Exercício 1 (gráfico simplificado para o aluno):

SOL↑ _____

SOL↑ _____ _____

SOL↑ ____ ____ ____ ____ ____

SOL↑ ____ ____ ____ ____ ____

SOL↑ ____ ____ ____ ____ ____

Exercício 2 – Repetindo a som com auxílio de instrumento harmônico – violão ou teclado (para o aluno):

1 – SOL↑ SOL↑ SOL↑ SOL↑ ____ SOL↑

2 – SOL↑ SOL↑ SOL↑ SOL↑ ____ SOL↑

3 – SOL↑ SOL↑ SOL↑ SOL↑ ____ SOL↑

4 – SOL↑ SOL↑ SOL↑ SOL↑ ____ SOL↑

5 – SOL↑ SOL↑ SOL↑ SOL↑ ____ SOL↑

6 – SOL↑ SOL↑ SOL↑ SOL↑ ____ SOL↑

7 – SOL↑ SOL↑ SOL↑ SOL↑ ____ SOL↑

Exercício 2 – Repetindo o som com auxílio de instrumento harmônico – violão ou teclado (para o professor):

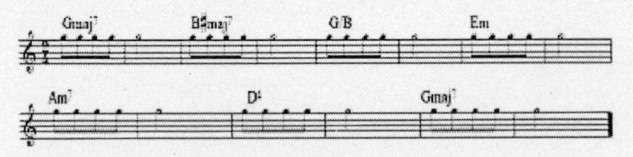

* Todos os exercícios necessitam de repetições.

EXERCÍCIOS COM AS NOTAS SOL, LÁ, SI, DÓ↑, RÉ↑, MI↑, FÁ↑ e SOL↑

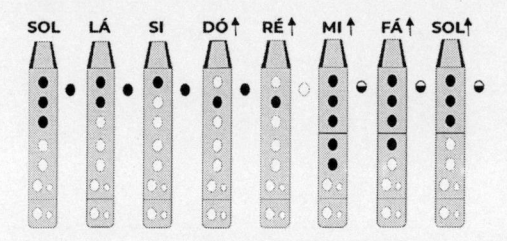

SOL   LÁ   SI   DÓ↑   RÉ↑   MI↑   FÁ↑   SOL↑

Exercício 1 – Alternando as notas musicais com auxílio de instrumento harmônico – violão ou teclado (para o aluno):

1 – SOL↑   LÁ   SI   LÁ   _____ SOL↑

2 – LÁ   SI   DÓ↑   SI   _____ LÁ

3 – RÉ↑   SI   DÓ↑   SI   _____ LÁ

4 – SOL↑   RÉ↑   SI   RÉ↑   _____ SOL↑

Leitura rítmica do exercício:

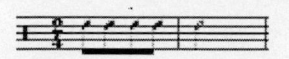

Linha harmônica para acompanhamento:

G / G / Am / Am / D / D / G / G

Exercício 2 – Alternando as notas musicais com auxílio de instrumento harmônico – violão ou teclado (para o aluno):

1 – SOL↑   SOL↑   LÁ   LÁ   _____ RÉ↑

2 – LÁ   LÁ   MI↑   MI↑   _____ DÓ↑

3 – LÁ   LÁ   RÉ↑   RÉ↑   _____ DÓ↑

4 – LÁ   LÁ   RÉ↑   RÉ↑   _____ SOL↑

Leitura rítmica do exercício:

Linha harmônica para acompanhamento:

G / D / Am / C / Am / D7 / D7 / G

MÚSICAS COM AS NOTAS DÓ, RÉ, MI, FÁ, SOL, LÁ, SI, DÓ↑, RÉ↑, MI↑, FÁ↑ e SOL↑

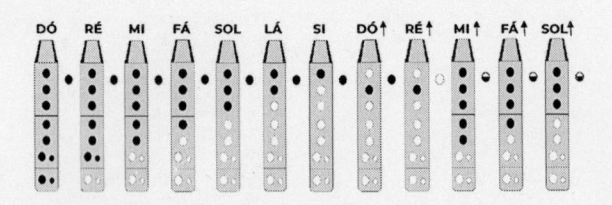

Música 1 – Glória Deus, pois vencerei

* Notação alternativa para o aluno.

SOL - DÓ↑ - DÓ↑ - DÓ↑ - DÓ↑ - SI - LÁ - ____ SOL

____ DÓ↑ - ____ RÉ↑ - RÉ↑ - ____ MI↑

SOL - DÓ↑ - DÓ↑ - DÓ↑ - DÓ↑ - SI - LÁ - SOL

FÁ↑ - ____ MI↑ - ____ RÉ↑ - RÉ↑ - ____ DÓ↑

MI - FÁ - SOL - SOL - SOL - SOL - SOL

DÓ↑ - SI - LA - LA - LA - LA

SI - DÓ↑ - ____ RÉ↑ - SI - SOL - SOL - MI↑ - MI↑ - RÉ↑ - DÓ↑

MI - FÁ - SOL - SOL - SOL - SOL - SOL - DÓ↑ - SI - LA - LA - LA - LÁ -

LA↑ FÁ - ↑MI -↑DÓ - ____ ↑RÉ - SI - ____ ↑DÓ

* Notação convencional com cifra para auxiliar o professor.

Música 2 – Jesus, eterno redentor

* Notação alternativa para o aluno.

DÓ - MI - SOL - SOL - SOL - SOL - MI - SOL - DÓ↑- DÓ↑- DÓ↑- DÓ↑

SOL - LÁ - LÁ - SI - DÓ↑- SI - LÁ - LÁ - SOL - SOL - MI - SOL

DÓ - MI - SOL - SOL - SOL - SOL - MI - SOL - DÓ↑- DÓ↑- DÓ↑- DÓ↑

DÓ↑- SI - LÁ - SOL - MI - SOL - SI - LÁ - FÁ - RÉ - DÓ

SOL - DÓ↑- DÓ↑- DÓ↑   SOL - DÓ↑- SI - LÁ - SOL - LÁ

RÉ↑- RÉ↑- RÉ↑   LÁ - RÉ↑- DÓ↑- SI - LÁ - SOL

MI↑- MI↑- MI↑   RÉ↑- DÓ↑- DÓ↑- RÉ↑- MI↑ - ___FÁ↑

DÓ↑- SI - LÁ - SOL - DÓ↑- FÁ↑- MI↑- RÉ↑- LÁ - SI - ___DÓ↑

* Notação convencional com cifra para auxiliar o professor.

Música 3 – Vem pecador

* Notação alternativa para o aluno.

MI - FÁ - SOL - SOL - SOL - DÓ↑- RÉ↑- MI↑- DÓ↑- SOL↑

MI - FÁ - SOL - LÁ - SOL - DÓ↑- ___RÉ↑

MI - FÁ - SOL - SOL - SOL - DÓ↑- RÉ↑- MI↑- DÓ↑- SOL - LÁ

FÁ - LÁ - SOL - MI↑- RÉ↑- SI - ___DÓ↑

SI - DÓ↑- ___RÉ↑ DÓ↑- RÉ↑- ___MI↑

DÓ↑- MI↑- FÁ↑- MI↑- SI - DÓ↑- ___RÉ↑

MI - FÁ - SOL - SOL - SOL - DÓ↑- RÉ↑- MI↑- DÓ↑- SOL - LÁ

FÁ - LÁ - SOL - DÓ↑- MI↑- RÉ↑- DÓ↑- SI - ___DÓ↑

* Notação convencional com cifra para auxiliar o professor.

* Notação convencional com cifra para auxiliar o professor.

Música 4 – Grandioso és Tu

* Notação alternativa para o aluno.

SOL - SOL - SOL - ____ MI - SOL - SOL - SOL - LÁ - LÁ - FÁ - ____ LÁ

LÁ - LÁ - LÁ - ____ SOL - MI - SOL - SOL - FÁ - FÁ - ____ MI

SOL - SOL - SOL - ____ MI - SOL - SOL - SOL - LÁ - LÁ - FÁ - ____ LÁ

LÁ - LÁ - LÁ - ____ SOL - MI - SOL - SOL - FÁ - FÁ - ____ MI

SOL - SOL - DÓ↑ - ____ MI↑ - RÉ↑ - DÓ↑ - SI - DÓ↑ - LÁ - ____ SOL

DÓ↑ - DÓ↑ - SI - ____ RÉ - FÁ - LÁ - SOL - ____ MI

SOL - SOL - DÓ↑ - ____ MI↑ - RÉ↑ - DÓ↑ - SI - DÓ↑ - LÁ - ____ SOL

DÓ↑ - SI - DÓ↑ - ____ RÉ↑ - MI↑ - FÁ↑ - SI - ____ DÓ↑

5

A NOTA FÁ# E SIb

Neste capítulo aprenderemos as duas últimas notas do método: FÁ sustenido (FA#) e SI bemol (SIb).

FÁ SUSTENIDO (FÁ#)

Para fazer o FÁ# é preciso partir da mesma posição do DÓ, ou seja, a flauta deve estar totalmente fechada. Após isso, basta levantar o dedo indicador da mão, que está na parte de baixo da flauta, isto é, aquele que auxilia na montagem da nota FÁ. Atentar em manter completamente tampado o buraquinho solitário, com o dedo "joia", na parte de trás.

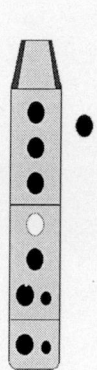

SI BEMOL (SIb)

Para fazer o SIb é preciso partir da mesma posição do FÁ e, após isso, basta levantar o dedo médio. Não se esquecer de atentar em manter completamente tampado o buraquinho solitário com o dedo "joia" na parte de trás.

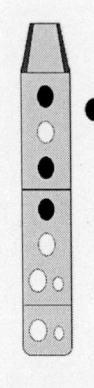

EXERCÍCIOS COM A NOTA FÁ# e SIb

FÁ#   SIb

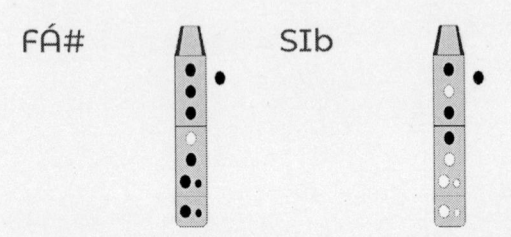

Exercício 1 – Repetindo o som em diferentes tempos (para o aluno):

FÁ#							
Duração de 4 tempos inteiros							
FÁ#				FÁ#			
Duração de 2 tempos				Duração de 2 tempos			
FÁ#		FÁ#		FÁ#		FÁ#	
1 tempo		1 tempo		1 tempo		1 tempo	
FÁ#	FÁ#	FÁ#	FÁ#	FÁ#	FÁ#	FÁ#	FÁ#
½ T	½ T	½ T	½ T	½ T	½ T	½ T	½ T
FÁ#							
Duração de 4 tempos							

Exercício 1 (para o entendimento do professor):

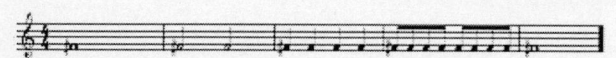

Exercício 1 (gráfico simplificado para o aluno):

FÁ# _____

FÁ# _____ _____

FÁ# _____ _____ _____ _____ _____

FÁ# ____ ____ ____ ____ ____ ____ ____ ____

FÁ# _____

Exercício 2 – Repetindo o som com auxílio de instrumento harmônico – violão ou teclado (para o aluno):

1 – FÁ#   FÁ#   FÁ#   FÁ#   FÁ#

2 – FÁ#   FÁ#   FÁ#   FÁ#   FÁ#

3 – FÁ#   FÁ#   FÁ#   FÁ#   FÁ#

4 – FÁ#   FÁ#   FÁ#   FÁ#   FÁ#

5 – FÁ#   FÁ#   FÁ#   FÁ#   FÁ#

6 – FÁ#   FÁ#   FÁ#   FÁ#   FÁ#

7 – FÁ#   FÁ#   FÁ#   FÁ#   FÁ#

Exercício 2 – Repetindo o som com auxílio de instrumento harmônico – violão ou teclado (para o professor):

* Todos os exercícios necessitam de repetições.

Exercício 1B – Repetindo o som em diferentes tempos (para o aluno):

Slb			
Duração de 4 tempos inteiros			

Slb		Slb	
Duração de 2 tempos		Duração de 2 tempos	

Slb	Slb	Slb	Slb
1 tempo	1 tempo	1 tempo	1 tempo

Slb	Slb	Slb	Slb	Slb	Slb	Slb	Slb
½ T	½ T	½ T	½ T	½ T	½ T	½ T	½ T

Slb			
Duração de 4 tempos			

Exercício 1B (para o entendimento do professor):

Exercício 1B (gráfico simplificado para o aluno):

Sib _____

Sib _____   _____

Sib _____ _____   _____ _____ _____

Sib ____ ____ ____   ____ ____ ____

Sib ____ ____ ____ ____ ____

Exercício 2B – Repetindo o som com auxílio de instrumento harmônico – violão ou teclado (para o aluno):

1 – Sib   Sib   Sib   Sib   _____ Sib

2 – Sib   Sib   Sib   Sib   _____ Sib

3 – Sib   Sib   Sib   Sib   _____ Sib

4 – Sib   Sib   Sib   Sib   _____ Sib

5 – Sib   Sib   Sib   Sib   _____ Sib

6 – Sib   Sib   Sib   Sib   _____ Sib

7 – Sib   Sib   Sib   Sib   _____ Sib

Exercício 2B – Repetindo o som com auxílio de instrumento harmônico – violão ou teclado (para o professor):

* Todos os exercícios necessitam de repetições.

MÚSICAS COM A NOTA FÁ# e SIb

FÁ#   SIb

Música 1 – Quando o povo salvo entrar

* Notação alternativa para o aluno.

RÉ - RÉ - <u>SOL</u> - <u>SOL</u> - <u>SOL</u> - SOL - SOL - <u>SOL</u> - <u>MI</u> - <u>RÉ</u>

SOL - LÁ - ___ <u>SI</u> - SI - LÁ - SOL - ___ <u>LÁ</u>

RÉ - RÉ - <u>SOL</u> - <u>SOL</u> - <u>SOL</u> - SOL - SOL - <u>SOL</u> - <u>MI</u> - <u>RÉ</u>

SOL - LÁ - ___ <u>SI</u> - SOL - LÁ - LÁ - ___ <u>SOL</u>

SI - DÓ↑ - ___ <u>RÉ↑</u> - RÉ↑ - DÓ↑ - SI - ___ <u>DÓ↑</u>

SI - LÁ - ___ <u>SI</u> - SI - LÁ - SOL - ___ <u>LÁ</u>

SI - DÓ↑ - <u>RÉ↑</u> - RÉ↑ - DÓ↑ - <u>SI</u> - <u>SI</u> - LÁ - LÁ - LÁ - SI - <u>DÓ↑</u>

SOL - LÁ - ___ <u>SI</u> - SOL - LÁ - FÁ# - ___ <u>SOL</u>

* Notação convencional com cifra para auxiliar o professor.

Música 2 – Livre estou

* Notação alternativa para o aluno.

DO - DO - FA - FA - FA - FA - FA - MI - RÉ - MI - ____FA
LA - SIb - DO - DO - DO - DO - DO - DO - SIb - LA - ____SOL
LA - LA - SIb - SIb - SIb - LA - <u>SOL</u>
DO - DO - LA - LA - LA - SOL - <u>FA</u>
FA - FA - SOL - SOL - SOL - SOL - <u>MI</u>   RÉ - MI - ____FA

DO↑- RÉ↑- ____DO↑   LA - SIb - ____LA
LA - LA - SOL - SOL - SOL - SOL - <u>RÉ</u>↑   RÉ↑- RÉ↑- ____DO↑
DO↑- RÉ↑- ____DO   LA - SIb - ____LA
DO - DO - FA - FA - DO↑- SIb - LA - LA - SOL - FA

* Notação convencional com cifra para auxiliar o professor.

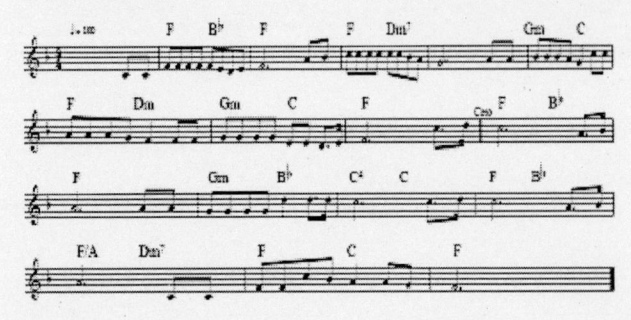

QUADRO COM AS PRINCIPAIS POSIÇÕES DE NOTAS NA FLAUTA DOCE

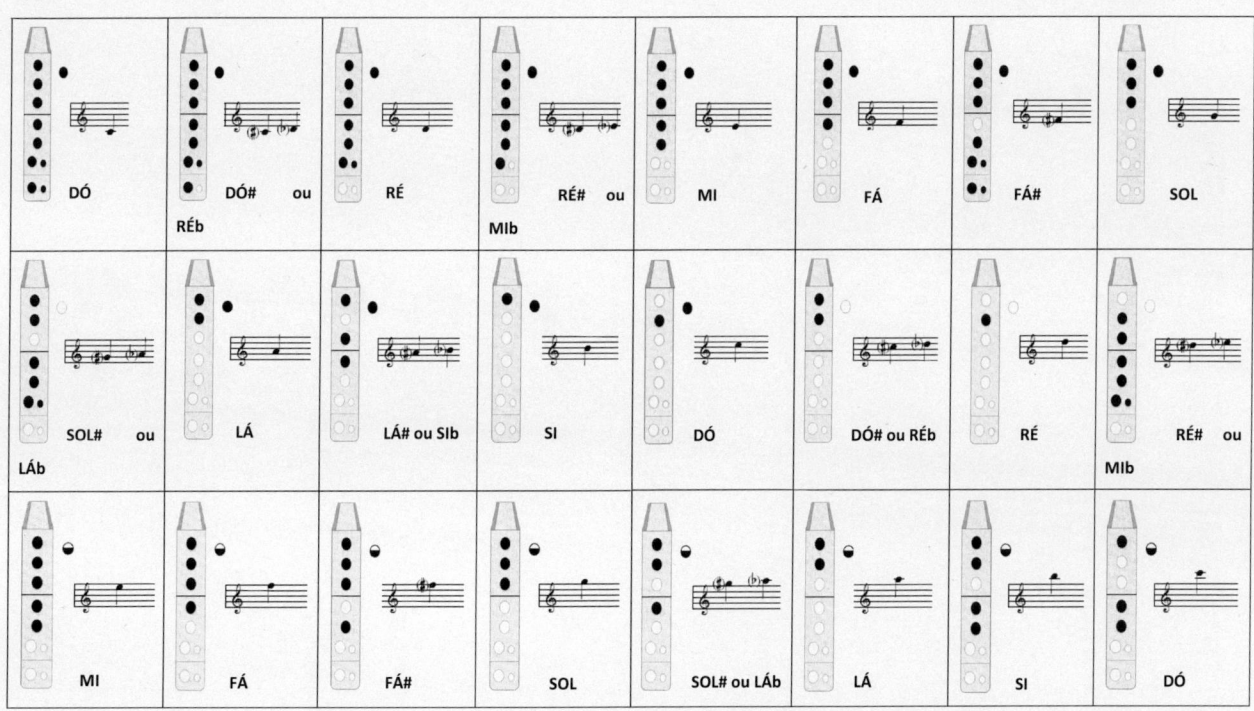

Márlon Souza Vieira